本书系国家社科基金思政专项"新时代大中小学劳动教育评价指标体系构建研究"（20VSZ143）研究成果。

九州文库

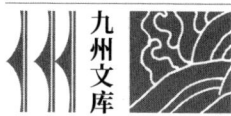

学校劳动教育评价研究

余江舟 — 著

九州出版社
JIUZHOUPRESS

图书在版编目（CIP）数据

学校劳动教育评价研究 / 余江舟著 . -- 北京：九
州出版社，2025.1. -- ISBN 978-7-5225-3546-3
Ⅰ . G40-015
中国国家版本馆 CIP 数据核字第 2025PF9735 号

学校劳动教育评价研究

作　　者　余江舟　著
责任编辑　沧　桑
出版发行　九州出版社
地　　址　北京市西城区阜外大街甲 35 号（100037）
发行电话　（010）68992190/3/5/6
网　　址　www.jiuzhoupress.com
印　　刷　唐山才智印刷有限公司
开　　本　710 毫米×1000 毫米　16 开
印　　张　15
字　　数　230 千字
版　　次　2025 年 4 月第 1 版
印　　次　2025 年 4 月第 1 次印刷
书　　号　ISBN 978-7-5225-3546-3
定　　价　95.00 元

目　录
CONTENTS

第一章　劳动与劳动教育的研究概述 …………………………… 1

第一节　劳动的内涵及其价值认知研究 ………………………… 1

第二节　劳动教育的内涵、特征及其价值认知研究 …………… 4

第三节　新中国成立以来我国劳动教育历史研究 ……………… 7

第四节　我国劳动教育现状研究 ………………………………… 9

第五节　劳动教育经验与对策研究 …………………………… 11

第六节　劳动教育课程体系研究 ……………………………… 13

第七节　劳动教育评价研究 …………………………………… 14

第二章　国内外劳动教育经验启示 …………………………… 17

第一节　国内劳动教育经验与启示 …………………………… 17

第二节　国外劳动教育经验与启示 …………………………… 23

第三章　我国学校劳动教育工作现状调查分析 ……………… 29

第一节　研究方法 ……………………………………………… 29

第二节　结果统计 ……………………………………………… 30

第三节　结果分析 ……………………………………………… 48

第四章 新时代大中小学劳动教育评价指标体系构建的依据与原则 ……… 52

　　第一节　学校劳动教育评价体系构建依据 ……………………… 52

　　第二节　学校劳动教育评价指标体系构建原则 ………………… 64

　　第三节　基于文献研究初步构建的大中小学劳动教育评价指标体系 … 66

第五章 基于专家意见修正的新时代大中小学劳动教育评价指标体系 … 71

　　第一节　研究目的 ………………………………………………… 71

　　第二节　研究方法 ………………………………………………… 71

　　第三节　第一轮专家意见征询结果统计 ………………………… 72

　　第四节　第二轮专家意见统计与分析 …………………………… 97

第六章 新时代大中小学劳动教育评价指标体系内涵解析 ………… 107

　　第一节　基于两轮专家意见咨询确定的小学劳动教育评价指标体系 … 107

　　第二节　新时代大中小学劳动教育评价指标体系的内涵分析 ……… 110

第七章 新时代大中小学劳动教育评价指标体系信效度分析 ……… 126

　　第一节　研究目的 ………………………………………………… 126

　　第二节　研究方法 ………………………………………………… 126

　　第三节　评价指标体系的信效度分析 …………………………… 128

第八章 新时代大中小学劳动教育评价指标权重体系构建 ………… 135

　　第一节　研究目的 ………………………………………………… 135

　　第二节　研究方法 ………………………………………………… 135

　　第三节　各级指标权重专家意见统计表 ………………………… 136

　　第四节　不同层级指标权重分配结果分析 ……………………… 139

　　第五节　新时代大中小学劳动教育评价指标权重体系层级架构 ……… 143

第九章　学校劳动教育评价研究的实践反思 ················ 145

　第一节　学校劳动教育实施与评价要略 ················ 145

　第二节　劳动教育与思想政治理论课的融合实践——以"马克思主义
　　　　　基本原理"课程为例 ················ 169

　第三节　青年大学生劳动价值观的培育机理与路径 ················ 179

参考文献 ················ 189

附录一：相关问卷与统计表 ················ 201

后　记 ················ 232

第一章

劳动与劳动教育的研究概述

有关劳动与劳动教育的研究无论是内容上的庞杂性，还是时间的跨度大的特性，都使得对其以往的研究进行全面整理难度大，所需篇幅也会很长。这里根据研究主题需要从七方面对劳动与劳动教育的相关研究进行概述，它们分别是：劳动的内涵及其价值认知研究，劳动教育的内涵、特征及其价值认知研究，新中国成立以来我国劳动教育历史研究，我国劳动教育现状研究，劳动教育经验与对策研究，劳动教育课程体系研究，劳动教育评价研究。

第一节　劳动的内涵及其价值认知研究

一、有关劳动的经典论述

虽然劳动随着人类的诞生而存在，但人类对于劳动的理论认知是在较晚时间才开始，并经历了漫长的发展过程。较早提出劳动概念的有英国古典经济学家威廉·配第，他在《赋税论》中提出了"劳动是财富之父，土地是财富之母"①的论断。斯密进一步强调商品的价值是由人的劳动创造的。马克思、恩格斯从不同角度对劳动的内涵及其价值做了经典论述。马克思首先从人与自然的关系角度指出："劳动是人和自然的过程，是人以自身的活动来中

①　中共中央马克思恩格斯列宁斯大林著作编译局.马克思恩格斯全集（第23卷）[M].北京：人民出版社，1972：57.

介、调整和控制人和自然的物质变换过程。"① 恩格斯从从猿到人的转变角度强调，"劳动是整个人类生活的第一个基本条件，而且达到这样的程度，以致我们在某种程度意义上不得不说，劳动创造了人本身"②。就劳动的重要性来说，马克思指出："任何一个民族，如果停止劳动，不用说一年，就是几个星期，也要灭亡，这是每一个小孩都知道的。"③

二、习近平总书记关于劳动的重要论述

习近平总书记强调："实现我们的奋斗目标，开创我们的美好未来，必须紧紧依靠人民、始终为了人民，必须依靠辛勤劳动、诚实劳动、创造性劳动。"④ 他还进一步指出，"人类是劳动创造的，社会是劳动创造的"⑤。习近平总书记关于劳动的重要论述是对马克思恩格斯关于劳动理论的进一步发展和深化，"它以经典马克思主义劳动观、中华优秀传统劳动美德、历代中国共产党人劳动观为理论逻辑；以中华民族伟大复兴历程中的劳动实践昭示为历史逻辑；以推进'五位一体'实现人民幸福和国家富强为现实逻辑；以新时代现实的人为价值起点，以实现人的自由全面发展为价值归宿，以公平正义为价值原则，以辛勤劳动、诚实劳动、创造性劳动为价值实现方式，体现出鲜明的价值逻辑"⑥。

三、劳动概念新内涵研究

随着理论与实践的不断推进，人们对劳动的理解也日益深化，劳动概念

---

① 中共中央马克思恩格斯列宁斯大林著作编译局．马克思恩格斯全集（第44卷）［M］．北京：人民出版社，2001：207.
② 中共中央马克思恩格斯列宁斯大林著作编译局．马克思恩格斯选集（第3卷）［M］．北京：人民出版社，2012：988.
③ 中共中央马克思恩格斯列宁斯大林著作编译局．马克思恩格斯选集（第4卷）［M］．北京：人民出版社，1995：580.
④ 习近平．在同全国劳动模范代表座谈时的讲话［N］．人民日报，2013-04-29（2）.
⑤ 习近平．在知识分子、劳动模范、青年代表座谈会上的讲话［N］．人民日报，2016-04-30（2）.
⑥ 龙华平，凌小萍．习近平关于劳动重要论述的四重逻辑［J］．中北大学学报（社会科学版），2022（5）：8-15.

也增添了新的内涵。李申俊从劳动基本功能视角给劳动进行定义，认为劳动是一种耗费一定劳动力的活动，劳动创造的物质财富和精神财富是人类生存和发展的最基本条件①。倪萌林则把焦点集中到劳动是一种正向价值的过程性活动②。王建铨认为劳动的目的是取得物质财富和精神财富，其本质是通过耗费人的劳动力来改造客观世界的实践活动③。邓先宏、傅军胜、毛立业认为，"劳动是人们为了满足物质、精神文化的需要，以及实现自身全面发展所进行的有目的的活动，是人能动地、创造性的利用自然资源、社会资源和人类自身潜能与客观世界进行物质变换并创造精神文化产品的过程"④。

四、劳动形态结构新变化研究

劳动的形态结构与特征随着时态的发展也在不断变化，体力劳动在社会劳动形态结构中的占比越来越小，科技劳动、管理劳动以及服务劳动等劳动形式的占比越来越大，科学技术因素在劳动中的贡献作用也越发明显。马克思说："直接劳动在量方面降到微不足道的比例……同一般科学劳动相比，同自然科学在工艺上的应用相比……却变成了一种从属的因素。"⑤ 朱方明、贾卓强将平台数字劳动定义为"在整个平台产业链条上从供给到需求、从低端到高端，与数字技术直接或间接相关的各种劳动形式的总称"⑥。张海鹰认为数字劳动就是一种以数字嵌入为特征的劳动形式⑦，数字劳动、服务劳动、科技劳动等劳动形态在劳动整体形态结构中的比重将越来越大。

---

① 李申俊. 劳动的定义应该是什么？[J]. 国内哲学动态，1981（10）：27-29.

② 倪萌林. 劳动概念的新界定及其意义：基于概念本性和劳动过程关系的分析[J]. 广东社会科学，2011（5）：107-113.

③ 王建铨. 劳动概念新探[J]. 长白学刊，1986（6）：30-33.

④ 邓先宏，傅军胜，毛立言. 对劳动和劳动价值理论几个问题的思考[J]. 经济研究，2002（5）：5-6.

⑤ 中共中央马克思恩格斯列宁斯大林著作编译局. 马克思恩格斯全集（第46卷下册）[M]. 北京：人民出版社，1980：212.

⑥ 朱方明，贾卓强. 平台经济的数字劳动内涵与价值运动分析[J]. 内蒙古社会科学，2022（3）：114-121.

⑦ 张海鹰. 劳动价值论视域下数字劳动的性质、形式与价值重估[J]. 合肥工业大学学报（社会科学版），2022（3）：12-18.

五、马克思主义劳动伦理思想研究

王海从人的全面发展视角对劳动能力给以诠释，认为人的劳动能力包含着多方面的能力，如体力、智力、潜力、审美能力等是其主要组成部分，而正是这些能力不断促使人的全面发展①。随着智能时代的来临，计算机技术发展衍生出智能劳动，通过人与机器的协调工作，人的脑力劳动部分被分担，智能劳动表现出自身的特征和要求。马克思主义劳动伦理的核心思想是"劳动不是外在的强迫，而应是劳动者的内在需要，是自由自觉的活动，体现生命的自由意志。与此同时，劳动过程展现了人与自然、人与人、人与自我的和谐关系。另外，劳动者应在劳动中实现自身价值，得到公平与尊严等"②。这些思想为马克思主义劳动价值观教育提供了重要的理论支撑。

综上，在人类发展史上，虽然不同历史时期的劳动有其特定的特征和价值表现途径，但总的来说，只有那些对人民和社会发展有正向作用的劳动才是被肯定的劳动。进而，笔者认为劳动是人发挥自己的主观能动性，彰显人的创造性这个实践基本要素的社会性活动，劳动成就人的价值存在，是人独有的基本实践活动形式。对劳动内涵及其价值认知研究的深化为科学开展劳动教育评价研究奠定了必要的理论基础。

第二节 劳动教育的内涵、特征及其价值认知研究

一、中外劳动教育经典思想概述

在我国封建社会，尽管以孔子教育思想为代表的封建社会教育思想旨在培养封建社会统治阶级需要的人才，但劳动教育的思想也是其中重要的组成

---

① 王海. 马克思关于人的全面发展思想的四重维度探赜 [J]. 保定学院学报，2022（3）：1-5.

② 冯兵，赵欣.《1844年经济学哲学手稿》中的劳动伦理思想及其当代意义 [J]. 吉首大学学报（社会科学版），2022（4）：63-71.

部分。劳动教育被当做成德成人的重要组成部分。在实现"文行合一"的过程中注重体力与脑力劳动教育。国外有关劳动教育的思想相对更加丰富。英国学者托马斯·莫尔在西方教育史上第一次论述了劳动教育问题，强调人人都应该劳动，并注重儿童的劳动教育。英国空想社会主义者罗伯特·欧文从"自然的价值标准"高度认为脑力劳动应与体力劳动相结合。资产阶级经济学家约翰·贝勒斯提出了建立"劳动学校"的想法。法国教育家卢梭以"自然人"和"自由人"为教育目的，强调劳动教育的重要性①。苏联教育思想家马卡连柯认为劳动教育应该是教育工作中的最基本的因素之一。苏联教育思想家苏霍姆林斯基也认为劳动应该成为教育的重要组成部分。

马克思强调教劳结合是"造就全面发展的人的唯一方法"。恩格斯关于"劳动创造了人本身"的著名论断广为人知。毛泽东推崇劳动教育的目的是改造人的思想，主张"脑体合一"的劳动观。邓小平曾要求更好地贯彻教育与生产劳动相结合的教育方针。

二、劳动教育的内涵研究

曲霞、刘向兵以劳动教育的目标与内容为角度来定义新时代劳动教育的内涵，认为新时代劳动教育的主要目标和内容应该着眼劳动思想教育、劳动技能培育、劳动实践锻炼，旨在全面提高学生的劳动素养②。檀传宝更强调劳动价值观教育的核心地位③。张欣从劳动教育的主要途径与类别视角提出，课堂教学与实践教学是劳动教育的主要形式，并根据实际需要进行生产性、生活性与服务性劳动教育④。新时代，随着"五育并举"教育理念被广泛认同，劳动教育的工具理性和价值理性之间的平衡关系更加合理，劳动教育不仅是一种教育手段，更是一种教育目标。

---

① ［法］卢梭. 爱弥儿［M］. 李平沤，译. 北京：商务印书馆，1983：88.
② 曲霞，刘向兵. 新时代高校劳动教育的内涵辨析与体系建构［J］. 中国高教研究，2019（2）：73-77.
③ 檀传宝. 劳动教育的概念理解：如何认识劳动教育概念的基本内涵与基本特征［J］. 中国教育学刊，2019（2）：82-84.
④ 张欣. 困境纾解：新时代大学生劳动教育路径探析［J］. 湖北经济学院学报（人文社会科学版），2020（12）：111-114.

三、劳动教育的特征研究

崔友兴认为劳动教育具有具身性、整体性、生成性、情境性等特征①。李嫣妮、李雨则提出，劳动教育具有时代性、综合性、创新性、实践性、多样性的特征②。檀传宝以劳动教育的时代特征与社会属性为由，强调了劳动教育的价值教育属性特征③。黄济提出只有把握"劳动"内涵才能正确把握劳动教育的内涵④。在劳动教育的特征方面，学者们比较统一的观点是劳动教育具有时代性和实践性，以及它本身的普遍性和特殊性。本研究认为新时代劳动教育的特征主要体现在特殊性和普遍性、理论性和实践性、内容和形式相结合、历史和时代相结合等方面。

四、劳动教育的价值认知研究

众多学者都认同劳动教育是开展理想信念教育的必要手段与内容，如孟国忠、王丽荣、卢惠璋、罗建晖、高廷璧等学者提出，劳动教育有利于坚定学生的理想信念，是落实"立德树人"根本任务的重要着力点，是实现中华民族伟大复兴的必然要求。从教育学的角度来说，研究者深入探讨了劳动教育的育人价值。韩天炜提出，劳动教育能够融洽学生自身与自然、社会之间的关系⑤。肖绍明、扈中平认为劳动教育是"追求人的自尊、自重、自爱的人性解放"的过程⑥。曲霞则指出，"劳动教育既有渗透德智体美各育的作用，也有整合各育的功能"⑦。宋紫月提出，劳动教育是彰显劳动教育本质属

---

① 崔友兴. 论大学生劳动教育的具身转向及其实现路径 [J]. 黑龙江高教研究，2020（12）：22-27.
② 李嫣妮. 高校劳动教育的时代内涵与路径思考 [J]. 人文天下，2020（12）：122-124.
③ 檀传宝. 劳动教育的概念理解：如何认识劳动教育概念的基本内涵与基本特征 [J]. 中国教育学刊，2019（2）：82-84.
④ 黄济. 劳动教育是全面发展教育的组成部分 [J]. 新教师，2020（4）：1.
⑤ 韩天炜. 论大学生劳动教育的价值指向和实践路向 [J]. 学校党建与思想教育，2020（24）：29-30.
⑥ 肖绍明，扈中平. 重释劳动教育的人性意义 [J]. 现代教育论丛，2013（4）：7-12.
⑦ 曲霞，刘向兵. 新时代高校劳动教育的内涵辨析与体系建构 [J]. 教育研究，2019（2）：73-77.

性与育人功能的内在要求①。王莹、王涛则从人口优势转化的视角研究了劳动教育的现实意义，认为加强劳动教育能够实现我国人口优势向发展效能的转化②。

第三节　新中国成立以来我国劳动教育历史研究

针对新中国成立以来的劳动教育历史研究，不同学者站在不同视角进行了不同的划分和总结概括。这里有三、四、五、六等不同阶段的划分。

一、三个阶段划分

郑程月、王帅把新中国成立以来的劳动教育历史分为三个历史阶段，即劳动教育的确立与曲折发展（1949—1977 年）、劳动教育的重塑与探索革新（1978—2011 年）、劳动教育体系的全新构建（2012 年至今）③。

二、四个阶段划分

张妍、曲铁华将劳动教育政策发展历程分为四个阶段：即恢复与改造时期（1949—1956 年）、探索与曲折发展时期（1957—1977 年）、规整与改革深化时期（1978—1999 年）、特色发展与全新构建时期（2000 年至今）④。另外，李玉华、马心竹、罗聪把新中国成立以来的劳动教育也划分为四个历史阶段，即探索发展阶段（1949—1956 年）、曲折发展阶段（1957—1977 年）、

---

① 宋紫月 . 论新时代高校劳动教育的内涵、价值及发展策略 [J]. 新西部，2020（18）：149-151，98.

② 王莹，王涛 . 大学生劳动教育的路径优化研究 [J]. 中国高教研究，2020（8）：67-71.

③ 郑程月，王帅 . 建国 70 年我国劳动教育的演进脉络、时代内涵与实践路径 [J]. 当代教育科学，2019（5）：14-18.

④ 曲铁华，张妍 . 中国共产党劳动教育课程政策百年：历程、特点和展望 [J]. 中国教育科学（中英文），2021（5）：39-48.

缓慢发展阶段（1978—2012 年）、全面发展阶段（2012 年至今）[①]。宋紫月将我国劳动教育划分为劳动教育的探索与发展（1949—1956 年）、劳动教育的过渡与偏离（1956—1978 年）、劳动教育的重塑与异化（1978—2010 年）、劳动教育的深化与蜕变（2010 年至今）四个阶段[②]。

三、五个阶段划分

李珂、曲霞则把新中国成立以来的劳动教育历史分为五个阶段，即新民主主义社会向社会主义社会过渡时期（1949—1956 年）的劳动教育、社会主义建设探索时期（1957—1977 年）的劳动教育、改革开放后至 20 世纪末（1978—1999 年）的劳动教育、21 世纪初（2000—2012 年）的劳动教育，新时代以来（2012 年至今）的劳动教育[③]。

四、六个阶段划分

也有学者把新中国成立以来的劳动教育历史发展分为六个阶段，即劳动教育开始时期（1949—1955 年）、政治化时期（1956—1977 年）、现代化初期（1978—1992 年）、转型发展时期（1993—2000 年）、整合发展时期（2001—2011 年）、新时代以来的发展时期（2012 年至今）。

从以上学者的研究可以看出，学者们主要是依据重要时间节点对历史阶段进行分析和划分，还有学者从劳动教育政策、内涵的演进和嬗变对其历史阶段进行划分。总体来说，学者们在这方面的研究比较多，观点也基本趋于一致，偶有分歧，但也不算大。

---

① 李玉华，马心竹，罗聪. 基于人的全面发展的新时代高校劳动教育研究 ［J］. 辽宁大学学报（哲学社会科学版），2020（2）：178-184.
② 宋紫月. 论新时代高校劳动教育的内涵、价值及发展策略 ［J］. 新西部，2020（18）：149-151，98.
③ 曲霞，李珂. 高校劳动教育必修课程规范化建设探析 ［J］. 中国高教研究，2022（6）：91-96.

第四节　我国劳动教育现状研究

一、我国幼儿劳动教育现状研究

尽管幼儿在身体和心智方面还很弱小，但从劳动教育角度来说，一个人的劳动素养在很小就表现出不同，并对其后面的劳动素养发展形成重要影响。因此，幼儿劳动教育的现状得到了不少学者的关注。姜晓、胥兴春认为当前我国幼儿劳动教育相关政策建设还不够健全、劳育的地位没有得到应有的强调，同时也存在着劳动教育专业师资不足、条件保障不力等问题[①]。郭姗则从"劳动与生活的关系"进行深入思考，认为"碎片化""浅表化""割裂式"的生活状态不利幼儿自发性劳动意识的形成[②]。苏维对幼儿园的劳动教育进行了研究，指出了劳动时空、形式、效果等三方面的局限[③]。

二、我国中小学生劳动教育现状研究

当前，关于中小学劳动教育的内涵无论是理论层面还是实践层面都未形成高度统一的认知。就理论层面来说，不同研究者从不同的角度对劳动教育进行界定。檀传宝认为劳动教育的本质是通过培养学生劳动素质来促进其全面发展；赵海燕则把让学生形成正确的劳动价值观作为劳动教育内涵的首先目标；余文森、殷世东则把劳动教育当作五育融合的黏合剂。就实践层面来说，中小学对劳动教育内涵理解错位的现象更是十分普遍。"惩戒化"和"泛娱乐化"的倾向比较明显，许多学校对劳动教育的目标、任务以及方法途径等理解不够到位，在劳动教育实践上出现许多较大偏差，背离了"劳动最光

---

① 姜晓，胥兴春. 我国幼儿劳动教育实施现状及路径探析［J］. 重庆第二师范学院学报，2020（1）：70-74.

② 郭姗. 从"自发"到"自觉"：回归生活的幼儿园劳动教育［J］. 教育科学论坛，2020（26）：64-68.

③ 苏维. 家园共育背景下开展幼儿劳动教育的透视与思考［J］. 教育观察，2020（40）：120-122.

荣、劳动最崇高、劳动最伟大、劳动最美丽"的基本理念。大多数中小学的劳动教育都仅仅停留在教学生养护植物、整理收纳、洗理等简单的日常劳动技能上，对劳动教育的整体目标认识不全面、不清晰。此外，由于当前我国中小学劳动教育开展过程中存在的目标不清晰、内容不具体、方式不灵活、机制不健全等问题需要一套科学有效的劳动教育评价体系来化解。因此，对我国中小学劳动教育评价体系的思考成为研究者和教育工作者思考的重点问题。

三、我国大学生劳动教育现状研究

裴文波、岳海洋、潘聪聪指出大学生劳动教育存在价值取向功利化、态度趋于消极化、意志呈现曲线化、能力日益削弱化等特征①。王洋认为高校劳动教育存在观念偏差、课程缺失、载体不足、成效不理想的现状②。尹者金提出我国高校劳动教育的现状主要表现在内涵认识缺位、实践定位不准、校园氛围缺失三方面③。时忆宁认为，劳动教育呈现价值虚化、机制弱化、氛围不足的现状④。王怡航指出大学生劳动教育存在片面化、简单化、功利化的问题⑤。王飞、车丽娜、孙宽宁提出当前高校劳动教育存在的主要问题是重视程度不高、内容系统性不强、实践科学性有待提高等方面⑥。刘悦丹认为缺乏系统的课程、科学的实践、有效的评价机制是我国高校劳动教育当前存在的主要问题⑦。赵曙光指出，高校的劳动教育存在的问题和不足主要是教育方针落

---

① 裴文波，岳海洋，潘聪聪. 高校大学生劳动教育的多维透视 [J]. 学校党建与思想教育，2019 (4)：87-89.

② 王洋. 高校劳动教育现状与推进策略 [J]. 沈阳师范大学学报（社会科学版），2020 (4)：103-108.

③ 尹者金. 新时代高校劳动教育的特征与实现 [J]. 江苏高教，2019 (11)：85-89.

④ 时忆宁. 基于陶行知劳动教育思想的高校育人路径研究 [J]. 内蒙古财经大学学报，2020 (5)：28-31.

⑤ 王怡航. 新时代大学生劳动教育的意义及提升路径研究 [J]. 南方论刊，2020 (12)：95-96.

⑥ 王飞，车丽娜，孙宽宁. 我国高校劳动教育现状及反思 [J]. 中国大学教学，2020 (9)：75-79，85.

⑦ 刘悦丹. 高校劳动教育的现状及成因探究 [J]. 产业与科技论坛，2020 (21)：105-106.

实不到位、家庭社会支持不到位、大学生劳动锻炼缺位①。汪萍提出，高校劳动教育缺乏对劳动教育本身内驱力的思考并出现了去中心化的问题②。

第五节　劳动教育经验与对策研究

一、新时代劳动教育机制研究

杨素云提出要制定有效的劳动监督制度和劳动评定标准，进而完善劳动教育的体制和运行机制③。茹丽燕指出要建立稳固的劳动教育体制，必须充分结合现实特点、专业特色、学生特质配备相应的劳动资源，科学地对待和处理劳动教育问题④。尤丽佳、张永翀认为，劳动教育需要构建教学中的劳动教育与专项的劳动教育相融合的长效机制⑤。王洋提出要致力于构建高校、家庭、社会"三位一体"的协同育人机制⑥。刘向兵、赵明霏认为构建新时代高校劳动教育体系要将劳动教育贯穿于高校思想政治工作体系、学科体系、教学体系、教材体系、管理体系中⑦。在机制研究方面，学者们更多的是聚焦于课程体系、评价机制等方面，也有学者从高校、社会、家庭协同育人的角度展开研究和论述，研究的系统性在不断加强。

① 赵曙光．高校开展劳动教育的意义及路径［J］．淮阴工学院学报，2020（4）：88-91.
② 汪萍．高校劳动教育的发展历程、基本经验与进路选择［J］．黑龙江高教研究，2020（12）：12-16.
③ 杨素云．关于加强大学生劳动教育的思考［J］．学校党建与思想教育，2012（35）：31-32.
④ 茹丽燕．高校劳动教育的困境与重构［J］．晋中学院学报，2020（6）：13-16.
⑤ 尤丽佳，张永翀．高校提升劳动教育实效性的原则及方法［J］．廊坊师范学院学报（社会科学版），2020（4）：125-128.
⑥ 王洋．高校劳动教育现状与推进策略［J］．沈阳师范大学学报（社会科学版），2020（4）：103-108.
⑦ 刘向兵，赵明霏．构建新时代高校劳动教育体系的理论逻辑与实践路径：基于知识整体理论的视角［J］．中国高教研究，2020（8）：62-66.

二、新时代劳动教育对策研究

彭泽平、邹南芳提出要注重劳动教育内容体系的系统化、课程体系的优质化以及构建劳动教育保障体系①。耿纪莹、高焱指出要通过劳动教育课程深挖劳动教育资源，依据专业特点制定相关考评标准和激励政策②。陈阳认为要独立设置一套涵盖课程劳育、专业劳育和课外劳育的成熟的高校劳动教育课程体系③。苏鹏举、王海福提出新时代大学生劳动教育要以综合育人价值理念为基础，以正确的价值导向为原则，集中国家、社会、家庭、学校等多方资源使大学生能全面参与到劳动实践中④。孟国忠指出劳动教育能够提高自我服务的能力、培育良好的劳动态度、树立尊重劳动人民的情感意识，是人类不可或缺的实践活动⑤。

三、国外劳动教育对策研究

国内学者对朝鲜、美国、德国、日本、俄罗斯等国家的劳动教育经验进行了一定的研究。辛宝忠认为朝鲜高校加强劳动教育的主要措施是通过加强国家统一领导，特别重视组织管理，强化师资队伍建设⑥。孙艳玲在研究中指出，朝鲜的劳动教育要求高校学生每学年举行不少于 12 周的具体劳动实践活动⑦。任平、贺阳把研究的视角着重放到师资队伍上，认为具备良好专业素养

---

① 彭泽平，邹南芳. 新时代高校加强劳动教育的价值意蕴、逻辑机理与实践方略 [J]. 黑龙江高教研究，2020 (12)：1-5.

② 耿纪莹，高焱. 新时代高校加强劳动教育的意义与路径探索 [J]. 科教导刊，2020 (31)：9-10.

③ 陈阳. 新时代高校劳动教育实施路径探析 [J]. 教育理论与实践，2020 (36)：16-19.

④ 苏鹏举，王海福. 新时代大学生劳动教育价值意蕴、弱势表征及实现路向 [J]. 高教论坛，2020 (11)：114-119.

⑤ 孟国忠. 高校劳动教育价值实现的机理研究 [J]. 学校党建与思想教育，2019 (14)：85-87.

⑥ 辛宝忠. 朝鲜大学生的劳动教育和启示 [J]. 黑龙江高教研究，1991 (1)：124-125，77.

⑦ 孙艳玲. 朝鲜大学生的军训和劳动教育 [J]. 中国林业教育，1991 (1)：64.

的教师团体是德国劳动教育顺利进行的重要保障①。谷贤林认为强调实践是美国劳动教育的主要特点，强调学生在"做中学"②。姜晓燕认为俄罗斯劳动教育的特点在于将劳动教育纳入道德教育体系中，要求学校在具体生产实践中进行道德教育，如开展"星期六义务劳动"等社会公益活动③。罗朝猛认为日本的劳动教育具有融合、开放的特点，能够将课程开设与各种活动进行结合，有意识开展渗透劳动教育，并以一系列相关法律文件对劳动教育进行保障④。

不难看出，国外有关劳动教育的实践和研究也较为丰富，对我国劳动教育的发展有一定的借鉴意义。

第六节　劳动教育课程体系研究

一、国内劳动教育课程研究

国内有关劳动教育课程研究有理论层面的思考，也有实践层面的总结，而更多的是将理论和实践相结合。张军瑾着重研究了上海市静安区和田路小学的劳动教育课程，对课程的五个模块进行了介绍。陈云龙、吴艳玲认为课程体系的构建应与时代的发展相关联，方式要灵活，要能体现针对性、综合性、开放性和实践性等特点。另外，在课程目标的设置上，要注重其独特育人性和全面育人价值⑤。侯红梅，顾建军则强调了构建劳动教育课程的多维性，课程内容是要做到与学习惯通、与生活沟通、与社会联结、与国际接轨、

① 任平，贺阳. 从"劳作学校"到"普职融合"：德国劳动教育课程建设的价值嬗变、特征与启示 [J]. 全球教育展望，2020 (10)：114-128.
② 谷贤林. 美国学校如何开展劳动教育 [J]. 人民教育，2018 (21)：77-80.
③ 姜晓燕. 俄罗斯：重拾劳动的德育功能 [J]. 平安校园，2018 (12)：82-83.
④ 罗朝猛. 劳动教育，日本"全人教育"的重要一翼 [J]. 青年教师，2019 (7)：50-51.
⑤ 陈云龙，吴艳玲. 构建新时代劳动教育与课程体系 [J]. 基础教育课程，2020 (8)：6-10.

与未来同向①。

二、国外劳动教育课程研究

孙智昌认为世界各国总体上都比较重视劳动技术教育，他在对英国、挪威、新西兰、西班牙、加拿大、丹麦等71个国家开设劳技课程情况进行研究后发现，课程设置的重点在于手工、农业、技术教育等方面内容，重视对学生创新和设计能力的培养②。汝骅认为俄罗斯中小学劳动教育立足于其本国国情，基于马克思的基本理论，形成了可行性强、较为完善的劳动教育课程体系③。姚静以德国中小学劳动技术教育进行了深入系统的研究，指出德国的劳动技术教育和基础教育具有同步性，贯穿于各个学段④。

国外劳动教育起步较早，对劳动教育比较重视，强调学生实践锻炼，注重分不同阶段实施，针对性强，虽不能照搬照超，但也有部分经验可以借鉴。

第七节 劳动教育评价研究

为了强化劳动教育效果的保障，一些教育部门或学校在实践层面开展了劳动教育评价创新。如宁波市、广州市等在学生期末考试考查、综合素质评价档案就要求将劳动教育评价纳入，体现了对劳动教育的重视。与此同时，劳动教育评价同样也得到了研究者的关注。任国友、曲霞着眼新时代劳动教育的重要地位，深入剖析传统劳动教育实践中存在的突出问题，以基础性、发展性和创新性三方面为维度构建高校劳动教育的评价体系。其中，基础性指标包括环境劳育、专业劳育、课程劳育等三方面；发展性指标包括思政劳

① 侯红梅，顾建军. 我国小学劳动教育课程的时代意蕴与建构［J］. 课程·教材·教法，2020（2）：4-11.

② 孙智昌. 当代国外小学劳动技术教育课程的发展［J］. 外国中小学教育，2000（5）：33-38.

③ 汝骅. 俄罗斯中小学的劳动教育与综合技术教育［J］. 苏州教育学院学报，2002（1）：96-99.

④ 姚静. 德国中小学的劳动技术教育及启示［J］. 基础教育参考，2007（10）：26-29.

育、实践劳育两方面；创新性指标主要指特色劳育实践情况，注重对目标、成果、定位等方面的考量①。

龚春燕等学者立足第四代教育评价基本理论，开展了中小学劳动素养监测评价研究，构建了包括劳动素养、劳动内容、实践操作等三方面的评价体系。

刘茂祥着眼劳动素养，基于实践导引，构建了中小学生劳动素养评价指标体系，并把劳动精神、劳动认知、劳动情感、劳动习惯和劳动能力等五方面作为评价的主要维度②。

曹飞所构建中小学生劳动素养评价指标体系援引了哲学、教育学及心理学等基本理论和理念，并把教育方针政策要求作为依据。其所构建的劳动素养结构充分展现了不同视角的特点。充分展现了"五育并举"的研究视角，将劳动素养作了德性、智慧、健康、美感和创新等五个维度的划分，并以认知、情感和行为等作为每个维度的要求。在不同视角基础上进行了交叉互补，在实际使用上，可分别独立使用，也可以合并使用③。

综上所述，随着习近平总书记在 2018 年 9 月 10 日召开的全国教育大会上明确提出德智体美劳全面发展的育人体系后，"五育并举"的教育理念在实践和理论层面都得到了极大的响应，也产出了丰富的成果。但在文献研究和现实观察思考中也发现了一些问题，结合本研究，主要体现在两方面。

一方面，就劳动素养的结构来说。许多学者都对劳动素养进行了解构，有三个维度的划分，有四个维度的划分，也有五个维度的划分，不一而足。这些划分都有一定道理，但在理论界和实践层面没有形成统一的认知，其主要原因在于其所解构的各维度之间的边界不是十分清晰，各维度之间整体结构也不是十分明朗，进而给实际操作上带来不便。

另一方面，劳动素养的评价和劳动教育的评价是两种不同的评价，其所涵盖的内容不一样，评价的目的和方式等也各自不同。就学校劳动教育来说，

---

① 任国友，曲霞．新时代高校劳动教育督导评价体系研究 ［J］．劳动教育评论，2020（1）：56-69.

② 刘茂祥．基于实践导引的中小学劳动教育评价研究 ［J］．教育科学研究，2020（2）：18-23.

③ 曹飞．中小学生劳动素养评价指标体系探析 ［J］．劳动教育评论，2020（1）：42-55.

评价一所学校的劳动教育不只是评价该校学生的劳动素养。学生劳动素养的形成是一个长期复杂的过程，同时，个人禀赋的不同也会造成劳动素养的不同。一个刚入学的学生劳动素养状况与这个学校的劳动教育是没有关系的，但一个学生在一个学校经过了一定时间的劳动教育后，其劳动素养也一定会发生变化。正因为如此，评价一所学校劳动教育工作自然离不开对这个学校学生劳动素养的评价，当然应该以在该校经历一定时间教育的学生为对象。此外，学校的劳动教育工作的评价还应包对括教师劳动教育条件和能力、学校的劳动教育条件保障和实践等方面的评价。目前，着眼劳动教育的条件、实践、效果三个层面系统构建大中小学劳动教育评价体系的研究成果还未发现。

第二章

国内外劳动教育经验启示

国内外的劳动教育思想和实践虽不能直接为我国新时代劳动教育所用，但其中一些科学的理念和宝贵经验对新时代学校劳动教育具有重要的启示作用。

第一节　国内劳动教育经验与启示

崇尚劳动是中华民族悠久的宝贵品质。劳动不仅是财富的唯一来源，更是"人的全面发展"的重要方面。中国共产党在长期实践中，立足中华优秀传统文化，始终坚守人民立场，把马克思主义劳动价值理论不断中国化，并以此指导中国人民的劳动实践。

一、中国共产党激发人民劳动精神的长期实践

中国人民的劳动精神在党领导人民开展革命、建设和改革的长期实践中得到淬炼升华。不怕吃苦、甘心付出、敢于创造等精神品质之所以能成为中国人民劳动精神的主要维度①，主要有以下几点原因。

第一，党领导人民锤炼了不怕吃苦的奋斗精神。中国人民劳动精神的首要特征是不怕吃苦的奋斗精神，它贯穿于中国的革命、建设和改革全过程。从 1927 年创建井冈山根据地起到抗日战争时期，在革命战争年代党团结带领人民进行了艰苦卓绝的斗争，如组织三五九旅风风火火地开展了南泥湾生产建

---

① 余江舟. 中国共产党对中国人民劳动精神的淬炼与传承［J］. 南京审计大学学报，2022
（1）：1-7.

设运动。在新中国成立后，无论是在社会主义建设时期还是在改革开放时期，社会上涌现了一批像雷锋、焦裕禄、徐虎、王进喜、邓稼先等不怕吃苦、敢于吃苦的典型人物，成为全国劳动人民学习的表率。无论是南湖红船的开天辟地、井冈山根据地的艰苦奋斗、红军长征的坚韧不拔、延安时期的自立自强，还是工业学大庆、农业学大寨的召唤，或是从"向科学进军"到"科学的春天"，中国人民不怕吃苦的奋斗精神一直融入党探索民族复兴的进程中得到锤炼。

第二，党领导人民锤炼了甘心付出的奉献精神。党的人民立场感召了中国人民的真诚劳动。作为马克思主义政党，党以马克思主义理论为指导，坚信人民群众是历史的主体，是历史的创造者。在党领导中国人民革命、建设和改革的过程中，处处都能体现党一心为民的初心。红军长征进入四川大凉山冕宁彝民地区后，广泛宣传红军是为解放弱小民族、实现平等自由而来，发布《中国工农红军布告》，并身体力行，书写了"彝海结盟"的佳话。新中国成立初期，国家经历了长期的战争和动荡，我国正处于百废待兴的状态中。为了巩固国家政权和恢复生产，劳动教育的主要任务是建设和恢复发展。在这一时期中国共产党的劳动教育主要体现为劳动为"生产"服务，积极倡导全社会要尊重劳动、热爱劳动、积极参与劳动。党领导人民集中力量办大事培育了中国人民的家国情怀。"人心齐、泰山移"成为中国人民改造自然的响亮口号，"一方有难、八方支援"是应对自然灾害的温情宣言，"万众一心、同仇敌忾"是中国人民抵御外侮的号角。"两弹一星"研制成功创造了现代科技高峰征途中的奇迹，生动体现了党组织全国大力协同、集体攻关的决心，更是党坚持社会主义制度集中力量办大事的优势。"万众一心、众志成城"的伟大抗震抗洪精神、伟大抗疫精神，"天问一号""嫦娥五号""奋斗者"号等突破性成果不断涌现，深刻体现了党领导人民集中力量办大事的重要作用。

第三，党领导人民锤炼了敢于创造的创新精神。中国的革命道路和中国特色社会主义的建设、改革之路都是敢于创新的典范。敢于创新创造，实事求是的毛泽东等中国共产党人，根据中国实际情况形成了自己的革命思想，这些思想成为毛泽东思想的主要部分。新中国成立后，党领导人民创造了制度创新的伟大奇迹。中国人民敢于创造的精神品质在家庭联产承包责任制的实施过程中得到了淋漓尽致的体现。邓小平理论的重要组成部分包括社会主义市场经济体制的构建、"一国两制"伟大构想等，这显现了敢于创造的气魄。众多的中国奇迹彰显了中国人民敢于创造的特质。1960 年 5 月，中国登山队员登上了珠穆朗玛峰的顶峰，把五星红旗插上了地球最高点，创造了人类首次从北侧山脊登上地球之巅的伟大壮举。除个别领域的奇迹外，党领导人民创造了经济发展的伟大奇迹，从一穷二白、百废待兴到稳居世界第二大经济体、全面建成小康社会，这是全体中国人民不怕吃苦、敢于创造的最大回报。党高度重视科技创新工作。邓小平指出，"科学技术是第一生产力"。在实践中，人工合成牛胰岛素，"两弹一星"、超级杂交水稻的研制成功所取得的成就，高温超导、中微子物理、量子反常霍尔效应、纳米科技等基础科学的突破，中国人民创造了一项又一项举世瞩目的科技奇迹，这数不清的奇迹都离不开中国人民敢于创造的精神和能够创造的能力。当前，党带领人民大力推进创新驱动发展战略，云计算、人工智能、大数据等新技术推动平台经济、共享经济、数据经济井喷式发展，科技创新逐步成为引领发展的第一动力。这些不计其数的中国奇迹彰显了中国人民敢于创造的精神品格，也激励了更多人的创造性劳动。

二、中国共产党劳动教育政策的演变

中国共产党自成立之日起就十分重视探索并落实教劳结合的基本原则，这在劳动教育方针中就足以体现。同时，教育与生产劳动相结合的方针也多次被列入党和国家的各级各类的教育规划当中。

新民主主义革命时期是中国共产党劳动教育的萌芽时期，此时，"教育与生产劳动相结合"是劳动教育的出现方式。在这一时期，丰富的劳动教育实践活动广泛开展，劳动教育是革命斗争的重要手段，其目的在于通过工人夜校等方式来增强工农群众的阶级自觉、革命意识和革命热情。

新中国自成立之日起，首要任务就是培养能够为民族事业做出贡献的人，为了顺应这一任务，便以科技、文化课为主。不难看出劳动教育思想在这一时期受到了高度关注，但却不在人才培养目标的范围之内。毛泽东在《关于正确处理人民内部矛盾的问题》中提出，"我们的教育方针，应该使受教育者

在德育、智育、体育几方面都得到发展，成为有社会主义觉悟的有文化的劳动者"①。从"智育"到"德智体"可以体现出它的内容在不断地丰富与完善。1955年在教育部党组分布的《关于初中和高小毕业生从事生产劳动的宣传教育工作报告》中提出，"中小学必须进一步加强劳动教育……应该进行综合技术教育"。习仲勋于1955年提出"有步骤地实施基本的生产技术教育"。劳动教育的价值取向随着时间的推移有所转变，从新民主主义时期注重"体能"到注重"技术"，这一转变是劳动教育紧跟国家社会发展步伐，满足国家发展重心和人民群众的需要，促进国家经济发展和生产建设的体现。1958年，中共对中等技术学校、高等工业学校、农校、乡校、大专组织学生参加生产劳动于《工作法六十条》中作出了具体的规定，工作方法具体且工业、农业都要搞。

我国劳动课教学的政治导向于"文革"之后慢慢抓住了劳动教育的本质。1981年，《关于建国以来党的若干历史问题的决议》中提出"坚持德智体全面发展、又红又专、知识分子与工人农民相结合、脑力劳动与体力劳动相结合的教育方针"。在党的十六大报告中也提出要尊重劳动、知识、人才和创造。全社会对脑力劳动和知识分子的尊重与重视，有利于劳动教育的外在功能更好地发挥，也有利于适应社会主义现代化发展的新劳动价值观的塑造与形成。但是，为了适应经济、时代、科技等快速发展的形势，大量专业型的技术人才被国家所需要，因此劳动技术教育的关注度得到空前提升。问题在于，劳动教育的地位和功能还处在弱化的程度，内容也大多局限于劳动技术的培养。劳动教育成为开展素质教育的重要手段之一。1993年《中国教育改革和发展纲要》中提出，当前教育工作努力的方向在于进一步提高劳动者的素质，推动形式与技能上的劳动教育。对劳动者教育素质的培养开启了我国劳动教育的现代化变革。

党的十八大以来，习近平总书记开启了新时代劳动教育的新征程，他十分关注劳动教育在新时代人才培养中所发挥的作用，开展了"爱学习、爱劳动、爱祖国"的"三爱"活动。"劳动教育"于2018年9月召开的全国教育大会中列入培养社会主义建设者和接班人的目标之中，"德智体美劳"五育并

---

① 中共中央文献研究室.建国以来重要文献选编：第10册［M］.北京：中文文献出版社，1994：85.

举的新时代人才培养要求也在此次大会中提出。2020年3月，中共中央国务院发布了《关于全面加强新时代大中小学劳动教育的意见》，有针对性地提出："在系统的文化知识学习之外，有目的、有计划地组织学生参加日常生活劳动、生产劳动和服务性劳动，让学生动手实践、出力流汗，接受锻炼、磨炼意志，培养学生正确劳动价值观和良好品质。"① 在习近平总书记的带领下，劳动教育所受的重视达到了自改革开放之后的顶峰，培养什么人、怎样培养人、为谁培养人这个根本问题受到了关注，同时中国共产党在各方面都强化了对劳动教育的引导。2022年，教育部在《义务教育劳动课程标准》中所提及的内容更加贴近学生生活，有利于学生日常实践并实现自身发展，其中有整理图书角、3D打印制作家用摆件、救助流浪动物等②。最后，在劳动教育实践的开展中，既要重视评价学生的劳动教育的过程，还要兼顾在劳动实践中的态度；不仅要注重学生在劳动实践中解决问题的能力，还要关注学生劳动后的成果评价。多样化多维度的评价内容可以促进学生个性化发展，还可以通过评价来引导学生成为优秀的社会主义建设者和接班人。

三、中国共产党劳动教育实践的经验启示

中国共产党劳动教育实践历史对于当前学校劳动教育的评价具有多方面的启示价值。

第一，劳动教育的评价应以马克思主义理论为指导，强化马克思主义劳动价值观培育工作在评价体系中的核心地位。马克思主义劳动观是马克思主义唯物史观的核心内容，这不仅体现在马克思主义经典著作中众多与"劳动"有关的经典论述，更体现在"劳动"这一概念在马克思主义整个思想体系中的核心地位。中国共产党在开展有关劳动的政治实践中，始终以马克思主义为指导，通过培育马克思主义劳动价值观来塑造人们的劳模精神。苏联著名的教育工作者马卡连柯在论述劳动教育时就强调，劳动教育应包括爱国主义、

---

① 中共中央 国务院《中共中央 国务院关于全面加强新时代大中小学劳动教育的意见》[EB/OL]. 中国政府网，2020-03-26.

② 中华人民共和国教育部《义务教育劳动课程标准（2022年版）》[EB/OL]. 中国政府网，2022-04-21.

集体主义和对公有财产的共产主义态度教育内容。习近平总书记在 2018 年全国教育大会上提出了关于劳动教育的新指示，要求将"劳动教育"纳入社会主义建设者和接班人的培养过程中。要使中国共产党在劳动教育中保持其领导地位，就一定要遵循马克思主义的理论，这就需要在中国的条件和问题上采取一种正确的态度、一种科学的看法、一种具体的办法来加以分析和处理，这样才能真正地教育那些受到外来奴化观念熏陶、被国内的反动思想所感染的年轻人。

第二，劳动教育的相关评价内容应具有时代性、针对性和引领性。改革开放和社会主义现代化建设时期，劳动教育的内涵和实施途径得到扩展，从"通过体力劳动"转向"生产劳动、技术实践等其他社会实践活动"并重，这是党和国家对如何加强劳动教育展现出的新思考新探索。中国共产党始终把劳动作为育人的核心内容，重视培养学生的全面动手操作技能。然而，在实际工作中，我国的劳动教育体系并没有重视劳动技能的培养，新时代的劳动教育，其内容具有新的特点，把"劳动与教育"相融合，既要使劳动具有丰富的教学内容。新民主主义革命时期，劳动教育实现了从"对工农劳动群众进行知识教育"到"知识分子融入工农群众这一类的体力劳动者"，再到"知识分子参加体力劳动的生产"的转变。社会主义革命和建设时期，党对于劳动教育的重新定位，体现出"有社会主义觉悟"是开展劳动教育的政治方向，"有文化"是劳动教育实施过程中的基础和重点，这是党对于劳动教育的正向积极探索，体现了教育要紧跟时代发展和国家所需。改革开放和社会主义现代化建设时期，劳动教育处于改革与完善阶段，劳动教育从关注劳动技能向关注劳动情感延伸。

第三，劳动教育的评价应由工具性视角转向目的性视角，突出学生劳动素养在劳动教育工作评价中的基础作用。新民主主义革命时期，劳动教育是以"教育与生产劳动相结合"的方式出现的，毛泽东指出教育必须为无产阶级政治服务，通过教育与生产劳动相结合的方式，倡导知识分子走与工农兵相结合的道路，对劳动教育进行了初步探索。党的十八大以来，劳动教育实现人本取向的复归，回到"培养人"的教育本质，关照人的劳动素养的形成，致力于融通"有教育的劳动"和"有劳动的教育"思想，劳动现代化体系逐渐形成，并逐步取得独立的育人地位。2020年7月，教育部印发的《大中小学劳动教育指导纲要（试行）》中指出，"劳动教育要全面培养学生的劳动素养"①。党和国家对劳动素养的重视，表明劳动教育本身的育人价值被增权赋能。新时代以前的劳动教育无论是为政治服务，还是为经济服务，都是通过培养人而派生的工具功能，体现的是工具理性，其独立的育人价值被边缘化。党的十八大以来，重视劳动教育对于提高人的素养的强大功能，教育的人本性突出，通过劳动教育推动人自我生成、自我创造的实现。教育对象不再被视作被动接受知识的"容器"，其主观能动性得到充分的尊重，独立个性得以充分发挥。

第二节 国外劳动教育经验与启示

一、国外劳动教育的主要思想

西方比较早期出现劳动成文规则的是意大利努西亚的本尼迪克公元523年制定的修道院规章，其中有对劳动规则、要求的表述，并强调"懒惰是灵魂的敌人"，要求修士们不能仅仅把劳动当作维持生活的手段，更要当作一种修道的手段，一定程度上体现出劳动的育人性。莫尔从义务的角度强调，所有具有劳动能力的人都应该在国家合理分工的前提下，参加体力劳动。

洛克的教育思想被称为绅士教育思想，认为就一般人来说劳动使人获得生产技能和强健的体魄，但对绅士来说，劳动教育除了能让儿童拥有强健的体魄，还应使他们获得和健康愉悦的心情，彰显了一定的教育价值②。

贝勒斯主张不劳动者不得食，并认为劳动是创造价值仅有的源泉。同时，他强调人必须经过劳作而接受劳动教育，学会基础实用的手工艺和农业技能，

---

① 中华人民共和国教育部《大中小学劳动教育指导纲要（试行）》［EB/OL］.中国政府网，2020-07-15.
② 徐辉.从生产性到育人性：西方劳动教育思想的历史演变及启示［J］.教育科学，2020（5）：27-34.

并不断获取更多的劳动知识。他主张人只有通过劳动维持自身的生活，才算实现生存的价值①。亚当·斯密也认为财富的源泉在于劳动。他在《国富论》中充分论述了财富数量和国民总体劳动生产力之间的内在正向关系。与此同时，他认为一个人劳动能力的大小和他接受的劳动教育密切相关。

卢梭鲜明指出人生最终的意义是劳动，认为劳动不仅能使人们的四肢灵活，又能获得一定技巧，还能在劳动教育中获得优雅的气质，可以促进儿童的身心的共同发展。在具体劳动教育的实施上，他建议要根据孩子性情有针对性地开展劳动教育。傅立叶在描述未来新的社会设想时，强调要保证那些不太富裕的参加生成的劳动者能够获得充分的幸福，进而长久地喜爱自己的劳动，并从"实现体力与智力全面发展"的目标视角论述了教育的要求②。欧文更鲜明地主张教育要与生产劳动相结合，强化劳动教育的育人功能，从而培养适应新社会全面发展的"新人"。

格龙维站在培养国家公民的高度来理解劳动教育。他所倡导的劳动教育具有两方面的作用，即"生活启导"和"民众启蒙"。他认为学生接受劳动教育不仅是为了获得作为农民、市民所需的专门知识与技能，更是为了能够更好地认识人生，进而更好地生活③。

裴斯泰洛齐从更专业的视角论述了劳动教育对于促进儿童全面发展的作用，他把人的能力分为"心、脑、手"三部分，并强调这三种基本能力不是孤立的，而应是协调发展的。在这三者关系中，心处于更高层次，脑和手的能力要顺从于心④。当然，现在看来，这种划分有其不足之处，但对于劳动的育人价值的强调是毋庸置疑的。

德可罗利同样强调了劳动教育的育人价值，"如果教育可以组织儿童参与各种成人职业，那用来单纯教学的时间就可以大大减少。被忽视的人类知识

---

① 吴式颖，任钟印．外国教育思想通史（第五卷）[M]．长沙：湖南教育出版社，2002：126，127，129．

② [法]傅立叶．傅立叶选集（第三卷）[M]．汪耀三，庞龙，冀甫，译．北京：商务印书馆，1982：205．

③ 吴式颖，任钟印．外国教育思想通史（第八卷）[M]．长沙：湖南教育出版社，2005：218．

④ 吴式颖，任钟印．外国教育思想通史（第六卷）[M]．长沙：湖南教育出版社，2002：387．

的基本技术，才是我们文明国家所要求课程的关键"①。

世界著名教育家苏霍姆林斯基的劳动教育思想更为深刻，他强调，"体力劳动对小孩子来说，不仅是获得一定的技能和技巧，也不仅是进行道德教育，而且还是一个广阔无垠的、惊人的丰富的思想的世界。这个世界激发着儿童的道德的、智力的、审美的情感，如果没有这些情感，那么认识世界包括学习就是不可能的。正是在体力劳动的过程中，形成着学生的极重要的智慧品质好奇心、钻研精神、思考的灵活性、鲜明想象力等"②。这在一定程度上揭示了劳动教育与德智体美教育之间的深刻关系。苏联著名教育工作者马卡连柯倡导在进行劳动教育时，把爱国主义、集体主义和对公有财产的共产主义态度作为重要教育内容。

二、国外劳动教育实践的主要模式

孙智昌把世界上有一定代表性的国家的小学劳技课程开设情况进行了汇总。在这 71 个国家中，劳动技术课的设置总体来说呈现出丰富多彩的特征，不开设劳动技术课的国家仅有 11 个，将劳动技术作为单独的一门或多门课开设的国家占大多数③。不同国家的劳动教育模式不尽相同，可借鉴的经验也有所不同。

德国的劳动教育注重"育人"与"推动经济"的双重价值目标，并把劳动价值观教育置于核心位置，同时在课程目标设置上坚持以能力为导向，逐渐建立了"社会经济教化"和"普通教化"双重价值内涵的课程体系。德国劳动课程的内容跟随时代的发展趋势，随着数字信息化时代的到来，其劳动课程内容以劳动、经济和科技为核心领域。德国劳动教育在具体实施中将项目教学法和传统讲授法进行有机结合④。

---

① 洪丕熙．德可罗利的教育学说及其影响［J］．外国教育资料，1983（5）：1-9.
② ［苏］苏霍姆林斯基．给教师的建议［M］．杜殿坤，编译．北京：教育科学出版社，2000：28.
③ 孙智昌．当代国外小学劳动技术教育课程的发展［J］．外国中小学教育，2000（5）：33-38.
④ 任平，贺阳．当代德国学校劳动教育课程构建的经验与启示［J］．中国教育学刊，2020（8）：24-30.

芬兰手工课程将终身教育视为其核心理念，开展的劳动教育课程以在实践中学习为指导思想，在统筹各方的基础上，为其提供劳动资源①。芬兰能够培养出在现代知识经济中获得成功技能的人才，关键因素就是为他们提供高质量的劳动技术教育。芬兰的劳动技术教育课程从创立到现在已经有150多年，始终坚持将传统特色与创新理念相结合，不断适应每个时代学生、学科和社会转变的需要，已形成较成熟和稳定的课程体系。劳动教育技术课程作为芬兰基础教育中的国家核心课程，在传承传统与融合创新的理念指导下，将课程设置、目标、内容、实施以及评价体系等不断修改和完善，并且注重学科知识以及学生将学科知识综合运用到生活各领域能力的发展，致力于促进学生整体能力的发展。然而，当前芬兰的劳动技术课程面临着一些问题和挑战，如课程价值被重新评测、教学质量下降、课程支持资源减少以及教师综合能力不足等②。

俄罗斯的劳动教育以"工艺学"为载体。在《普通教育学校基础教学计划》当中就规定了工艺学科是必修学科，不可更改和随意取消，且在课时上也超过化学、物理课。从课程设置目标和内容来看，它们劳动教育的目的是学生能在社会上能够独立去劳动、去生活。在此目的下，俄罗斯的"工艺学"以技术课程等其他课程内容来培养学生劳动知识与技能，在劳动实践中培养他们的个性、创新思维能力以及相应职业的适应能力。

古巴的劳动教育是将学习与生活、劳动以及生产相结合，有三个明显的特点。第一，对各级各类的学生全面开展劳动教育，覆盖范围包括幼儿园、小学、中学、大学以及神学院的学生。第二，在学校劳动教育中所获得的劳动成果可以抵扣应当承担的教育经费。第三，重视对师资的培养。在古巴，对于劳动教育的老师有专门的学校对他们进行系统化培养，包含理论知识学习、劳动实践锻炼、实习以及入职之后的培训考核等。

英国的劳动教育是让学生面向未来生活，目的就是要帮助学生习得能生

---

① 杨艺. 芬兰手工课程的特点及其对我国劳动教育的启示 [J]. 教育观察，2021（7）：46-48.

② 黎诗敏，施雨丹. 从历史中走来：芬兰劳动技术课程改革及现实挑战 [J]. 外国教育研究，2021（7）：43-57.

活、未来能够参与工作的技能。19 世纪，英国新教育运动的劳动教育注重体力、手工等方面培养。到 20 世纪，英国的劳动教育开始注重让学生为职业做准备。如今，英国规定了三门和劳动教育有关的课程。艺术与设计这门课程中包含的必修内容"烹饪与营养"，在 2014 年纳入了国家课程体系，设立了操作化的课程目标、开发和调动校内外教学资源，确保学生的劳动实践。计算机课程强调保障学生对新兴技能的掌握。设计与技术课程重在对学生劳动精神的培养与实践。

美国的劳动教育是生涯教育，在法律的保障下实施。劳动教育方面，美国有颇为丰富的经验。在杜威"做中学"教育理念的影响下，美国劳动教育强调教育与生产劳动相结合，就是要与学生的生涯发展相结合，旨要培养学生获得在社会中生存的能力。在此教育理念指导下，美国劳动教育的生涯课程是学生学习的必修课程且囊括所有学生。美国还推动立法来对劳动教育进行保障，确保生涯教育的落实。除此之外，美国劳动教育还重视家校联合，确保对学生劳动习惯与精神的培养。

日本的劳动教育是家庭、学校和社会一起开展。在家庭中，日本的学生以家务活动为主要劳动教育内容。在学校里，开设家政课来培养学生在家庭生活中应具备的与劳动有关的知识；开道德课来培养学生形成良好的劳动态度；开设综合学习时间和特别活动课程是帮助学生通过活动感悟，以此完成劳动教育。社会劳动教育主要是通过社会体验活动来进行。

三、国外劳动教育思想与实践经验对我国劳动教育评价的启示

首先，劳动教育的评价不仅仅在于评价学生所获得的劳动知识和技能，还应该关照学生对于劳动的价值观念。无论是国外的教育家关于劳动教育的思想，还是国外关于劳动教育的工作实践，都较早地发现了劳动教育在培养学生劳动知识和技能之外的更为重要的育人价值。纵观劳动教育的发展历程，不难发现，劳动教育的根本目的是培养人的开创个性，是培养适应现代生产和现代生活的人，实质是教育与生产劳动相结合、与社会生活相结合①。而

① 张欣鑫. 中德中小学劳动教育比较及经验启示 [J]. 教育科学论坛，2020 (20)：18-21.

且，有一些教育家在谈到劳动教育的作用时，还特别注意了劳动教育与品德教育、智力教育、美育、体育之间的密切关系。但与此同时，我们也可以发现，国外的劳动教育思想和实践仍然更多地把劳动教育当作一种手段，还没有把劳动素养作为一个独立而完整的培养目标。新时代党的教育方针明确提出了"五育并举"的理念，要把劳动素养独立作为学生的一个重要素养目标来进行培养。劳动素养包括劳动价值观、劳动情感与品质、劳动技能与知识、劳动实践习惯等在内的立体集成，是劳动教育工作的最重要和直接的目标。就一个学校的劳动教育工作评价来说，它应该包含多方面，但学生的劳动素养培养成效无疑是其最主要的内容。

其次，劳动课程是劳动教育的主阵地，因此对劳动教育课程的评价是整个劳动教育评价的重中之重。学校应当建立完善的劳动教育课程体系。《关于全面加强新时代大中小学劳动教育的意见》规定中小学劳动教育课每周不少于1课时，这一方面保障了劳动教育的课堂阵地，但另一方面也提出了挑战，用有限的课时来保证劳动教育的育人目标，无疑需要科学的劳动教育课程体系建设。劳动教育课程涵盖目标、内容、形式和评价等多方面。劳动教育的课程应着眼学生劳动价值观、情感品质、知识技能以及劳动实践习惯等方面，对劳动课程的评价也应关照这些维度。

最后，劳动教育的时代性很强，劳动教育的场域也很宽广，劳动教育的评价应注重其时间上的变动性和空间上的差异性。在新时代，劳动教育必须与新产业、新技术相结合，特别是与信息技术、人工智能、数字劳动等相关的知识与技能[①]。在评价学生应掌握的劳动知识与技能时，应对这些新知识与技能有关照。另外，劳动教育还应拓宽劳动教育场所的广度。学校是劳动教育主要场所，但家庭和社会的劳动教育功能不可忽视，"家庭—学校—社会"才是完整的三位一体劳动教育结构。因此，在劳动教育评价过程中应该进行多主体、多形式的评价，在教师评价基础上，提倡学生进行自评、互评，并倡导学校劳动评价和家庭劳动评价相结合，并注重过程性评价。

---

① 徐辉. 从生产性到育人性：西方劳动教育思想的历史演变及启示［J］. 教育科学，2020
（5）：27-34.

第三章

我国学校劳动教育工作现状调查分析

对我国当前学校劳动教育工作的现状进行充分了解是构建学校劳动教育评价指标体系的必然要求。对学校劳动教育工作的全面了解可以从学校管理者、教师、学生等不同主体入手开展调查，进而对学校的整体劳动教育工作、教师的劳动教育教学能力、学生的劳动素养等状况形成立体化的客观认知。

第一节　研究方法

问卷法和访谈法。通过设计学校劳动教育条件保障与实践问卷、教师劳动教育条件与能力问卷、学生劳动素养问卷（分大、中、小不同学生类型）进行问卷调查；通过设计问卷提纲，对学校相关人员进行访谈，了解学校劳动教育工作。

采用问卷星线上发放电子问卷和线下发放纸质问卷形式采集数据。共计发放问卷4200份，来自A省及周边11个省份的主体参与调查。回收有效问卷3580份，有效回收率85.2%，其中回收学校劳动教育条件保障与实践有效问卷154份，教师劳动教育条件与能力有效问卷1192份，大学生劳动素养有效问卷624份，中学生劳动素养有效问卷1095份，小学生劳动素养有效问卷515份。在此基础上，列访谈提纲8条，访谈大中小学劳动教育相关管理工作者50余人次。

第二节 结果统计

一、学校劳动教育工作实施与评价层面

当前,劳动教育的重视程度在学校顶层设计上有明显体现。如在针对问题"您所在学校有关办学指导思想中对劳动教育的关照情况如何"的回答中,选择"有"的占比为45.45%,选择"明确有"的占比为27.92%,两项合计达73.37%。

表3-1 您所在学校有关办学指导思想中对劳动教育的关照情况如何

选项	小计	比例	
A. 没有	5		3.25%
B. 沾到一点边	12		7.79%
C. 勉强有	24		15.58%
D. 有	70		45.45%
E. 明确有	43		27.92%
本题有效填写人次	154		

但在针对问题"学校自己制定的以劳动教育为主题的制度文件情况"的回答中,选择"没有"占比为7.79%,选择"很少"占比为18.83%,选择"在部分文件中有涉及"占比为16.88%,说明学校在具体落实劳动教育的具体工作上有待进一步提升。

表3-2 学校自己制定的以劳动教育为主题的制度文件情况

选项	小计	比例	
A. 没有	12		7.79%
B. 很少	29		18.83%
C. 在部分文件中有涉及	26		16.88%

选项	小计	比例
D. 有直接以劳动教育为主题的制度文件	52	33.77%
E. 有多个直接以劳动教育为主题的制度文件	35	22.73%
本题有效填写人次	154	

在进一步调查中，针对"学校劳动实践教育基地情况如何"的问题回答中，选择"没有"占比为19.48%，选择"有，但几乎没有利用过"占比为7.14%，选择"有，但没有利用好"占比为12.99%，说明近一半的学校在劳动教育实践基地等工作上还相对滞后。

表3-3　学校劳动实践教育基地情况如何

选项	小计	比例
A. 没有	30	19.48%
B. 有，但几乎没有利用过	11	7.14%
C. 有，但没有利用好	20	12.99%
D. 有，利用还可以	60	38.96%
E. 数量较多，且利用较好	33	21.43%
本题有效填写人次	154	

在劳动教育主题活动开展的调查中，针对"最近3年学校开展直接以劳动教育为主题的活动平均每年多少次"问题的回答中，选择"0次"占比为12.99%，选择"4次以上"占比仅为31.82%，说明动教育主题活动开展的数量相对有限。

表3-4　最近3年学校开展直接以劳动教育为主题的活动平均每年多少次

选项	小计	比例
A. 0次	20	12.99%
B. 1次	20	12.99%
C. 2次	33	21.43%

选项	小计	比例
D. 3 次	32	20.78%
E. 4 次以上	49	31.82%
本题有效填写人次	154	

在有关学校服务性劳动教育活动开展情况的调查中，针对"最近 3 年学校组织的志愿服务活动平均每年多少次"问题的回答中，选择"0 次"占比为 13.64%，选择"3—4 次"占比为 27.27%，选择"7 次以上"占比为 20.13%。学校服务性劳动教育活动开展频次不高。

表 3-5　最近 3 年学校组织的志愿服务活动平均每年多少次

选项	小计	比例
A. 0 次	21	13.64%
B. 1—2 次	34	22.08%
C. 3—4 次	42	27.27%
D. 5—6 次	26	16.88%
E. 7 次以上	31	20.13%
本题有效填写人次	154	

在有关学校创新性劳动教育活动开展情况的调查中，针对"最近 3 年学校组织的动手性与创新性活动平均每年多少次"问题的回答中，选择"0 次"占比为 16.23%，选择"3—4 次"占比为 21.43%，选择"7 次以上"占比为 19.48%。学校创新性劳动教育活动开展频次也不高。

表 3-6　最近 3 年学校组织的动手性与创新性活动平均每年多少次

选项	小计	比例
A. 0 次	25	16.23%
B. 1—2 次	39	25.32%
C. 3—4 次	33	21.43%
D. 5—6 次	27	17.53%

续表

选项	小计	比例
E. 7 次以上	30	19.48%
本题有效填写人次	154	

在有关学校劳动价值观、劳动情感品质教育活动开展情况的调查中，针对"最近 3 年学校组织的主要针对劳动价值观、劳动情感品质与道德的教育活动平均每年多少次"问题的回答中，选择"0 次"占比为 12.99%，选择"2 次"占比为 22.08%，选择"4 次以上"占比为 29.22%。

表 3-7 最近 3 年学校组织的主要针对劳动价值观、
劳动情感品质与道德的教育活动平均每年多少次

选项	小计	比例
A. 0 次	20	12.99%
B. 1 次	24	15.58%
C. 2 次	34	22.08%
D. 3 次	31	20.13%
E. 4 次以上	45	29.22%
本题有效填写人次	154	

在有关学校劳动教育对学生劳动素养的关照度调查中，针对"学校组织设计的各种有关劳动教育活动中对劳动价值观、劳动情感品质与道德、劳动知识技能、劳动实践习惯等关照情况如何"问题的回答中，选择"几乎没有关照"占比为 10.39%，选择"部分关照"占比为 23.38%，选择"充分且明确关照"占比为 25.32%。学校劳动教育对学生劳动素养的关照意识不强。

表 3-8 学校组织设计的各种有关劳动教育活动中对劳动价值观、
劳动情感品质与道德、劳动知识技能、劳动实践习惯等关照情况如何

选项	小计	比例
A. 几乎没有关照	16	10.39%
B. 少有关照	21	13.64%

选项	小计	比例	
C. 部分关照	36		23.38%
D. 大部分有关照	42		27.27%
E. 充分且明确关照	39		25.32%
本题有效填写人次	154		

在有关学校劳动教育对新技术、新载体关照情况的调查中，针对"学校在开展劳动教育中运用新技术、新载体情况如何"问题的回答中，选择"没有"占比为18.83%，选择"部分有"占比为26.62%，选择"充分运用"占比为22.73%。学校劳动教育对新技术、新载体关照度不高。

表3-9　学校在开展劳动教育中运用新技术、新载体情况如何

选项	小计	比例	
A. 没有	29		18.83%
B. 很少有	17		11.04%
C. 部分有	41		26.62%
D. 运用较好	32		20.78%
E. 充分运用	35		22.73%
本题有效填写人次	154		

在学校对劳动教育的评价工作的专门调查中，发现学校的劳动教育评价工作短板更加明显，如在针对"学校有关于劳动教育考核、评价与督导的规定吗"问题的回答中，选择"没有"占比为11.04%，选择"转发上级的相关规定的多"占比为40.26%，选择"有个别转发上级的相关规定"占比为23.38%，说明近八成学校没有自己完善的劳动教育评价制度与机制。在进一步访谈中发现，其主要原因在于学校对于劳动教育工作的评价指标体系知识缺乏，对劳动教育的系统性认知不够，也缺乏比较细致明确的指导性文件和标准。

表 3-10　学校有关于劳动教育考核、评价与督导的规定吗

选项	小计	比例
A. 没有	17	11.04%
B. 自己制定的相关规定充足且较细致，操作起来较顺畅	21	13.64%
C. 有学校自己制定的相关规定	18	11.69%
D. 转发上级的相关规定的多	62	40.26%
E. 有个别转发上级的相关规定	36	23.38%
本题有效填写人次	154	

综上，就学校劳动教育的实践来看，呈现出两个特征。一方面，学校对劳动教育的价值认知上表现出积极的一面，从统计数据来看，无论是对劳动教育的价值本身还是对相关政策的了解，都呈现良好态势。另一方面，在进一步调查中，就具体劳动教育工作的开展情况又表现出不足特征，主要表现为劳动教育的目标意识不强，劳动教育形式单一等问题。其根本原因在于学校劳动教育缺乏明确可操作的指导和评价标准。

二、教师劳动教育教学能力层面

教师的劳动价值观就具体内涵与考量维度来说和学生劳动价值观没有本质区别，但教师的劳动价值观对学生劳动价值观的影响不言而喻。在针对教师劳动价值观的调查中，对"您认为哪种人才算是幸福的"问题的回答中，选择"家庭美满"占比为 51.34%，选择"贡献社会"占比为 12.67%，选择"事业成功"占比为 32.21%。

表 3-11　您认为哪种人才算是幸福的

选项	小计	比例
A. 锦衣玉食	12	1.01%
B. 有钱有势	33	2.77%
C. 家庭美满	612	51.34%
D. 事业成功	384	32.21%

续表

选项	小计	比例
E. 贡献社会	151	████ 12.67%
本题有效填写人次	1192	

教师对劳动教育重要性的认识开展好劳动教育工作的思想前提。在有关教师劳动重要性认识调查中，针对"您认为在学生中开展劳动教育"问题的回答中，选择"有一定意义"占比为 34.40%，选择"非常必要"占比为 27.94%，选择"必要"占比为 34.82%。

表 3-12　您认为在学生中开展劳动教育

选项	小计	比例
A. 没什么必要	4	0.34%
B. 不太重要	30	2.52%
C. 有一定意义	410	34.40%
D. 必要	415	34.82%
E. 非常必要	333	27.94%
本题有效填写人次	1192	

同样，在针对"您认为劳动教育对增强学生德、智、体、美等素质有多大作用"问题的回答中，选择"有一定作用"占比为 28.69%，选择"都有作用"占比为 32.21%，选择"都有重要作用"占比为 31.46%。

表 3-13　您认为劳动教育对增强学生德、智、体、美等素质有多大作用

选项	小计	比例
A. 没什么作用	5	0.42%
B. 对身体素质有作用	86	7.21%
C. 有一定作用	342	28.69%
D. 都有作用	384	32.21%
E. 都有重要作用	375	31.46%
本题有效填写人次	1192	

在针对"近三年来国家有关劳动教育新出台的政策文件您了解吗"问题的回答中,选择"了解一点"占比为 36.49%,选择"较了解"占比为37.42%,选择"了解充分"占比为 14.35%。

表 3-14 近三年来国家有关劳动教育新出台的政策文件您了解吗

选项	小计	比例
A. 不了解	35	2.94%
B. 很少了解	105	8.81%
C. 了解一点	435	36.49%
D. 较了解	446	37.42%
E. 了解充分	171	14.35%
本题有效填写人次	1192	

然而,在针对教师开展劳动教育的主动性调查中,面对"您不是班主任,上课时发现教室有些脏乱,你会怎么做"问题的回答中,选择"当堂抱怨几句"占比为 14.26%,选择"让学生打扫一下"占比为 39.35%,选择"让学生打扫,并着重说几句"占比为 31.12%。说明教师实际开展劳动教育的主动性还不够强。

表 3-15 您不是班主任,上课时发现教室有些脏乱,你会怎么做

选项	小计	比例
A. 不管,继续上课	19	1.59%
B. 先上课,回头和班主任说一下	163	13.67%
C. 当堂抱怨几句	170	14.26%
D. 让学生打扫一下	469	39.35%
E. 让学生打扫,并着重说几句	371	31.12%
本题有效填写人次	1192	

在教师开展劳动教育工作能力的自我评估调查中,针对"让您策划一场通过劳动教育学生的活动,您会感觉"问题的回答中,选择"勉强可以"占比为 26.68%,选择"还可以"占比为 43.46%,选择"很有信心"占比

为 25.92%。

表 3-16　让您策划一场通过劳动教育学生的活动，您会感觉

选项	小计	比例	
A. 束手无策	7		0.59%
B. 很难	40		3.36%
C. 勉强可以	318		26.68%
D. 还可以	518		43.46%
E. 很有信心	309		25.92%
本题有效填写人次	1192		

同样，针对"让您上一次劳动教育课，您估计学生的反应会是什么"问题的回答中，选择"可以接受"占比为 42.70%，选择"喜欢"占比为 37.92%，选择"非常喜欢"占比为 15.94%。

表 3-17　让您上一次劳动教育课，您估计学生的反应会是什么

选项	小计	比例	
A. 很厌烦	8		0.67%
B. 厌烦	33		2.77%
C. 可以接受	509		42.70%
D. 喜欢	452		37.92%
E. 非常喜欢	190		15.94%
本题有效填写人次	1192		

在教师对开展劳动教育目标认知调查中，针对"以下有关劳动教育的目标，您认为合理的是什么"问题的回答中，选择"培养学生劳动实践习惯、劳动知识与技能、劳动情感品质与道德、劳动价值观，以劳动知识与技能为核心"占比为 29.45%，选择"培养学生劳动实践习惯、劳动知识与技能、劳动情感品质与道德、劳动价值观，以劳动情感品质与道德为核心"占比为 29.53%，选择"培养学生劳动实践习惯、劳动知识与技能、劳动情感品质与道德、劳动价值观，以劳动价值观为核心"占比为 24.41%。

表3-18 以下有关劳动教育的目标，您认为合理的是什么

选项	小计	比例
A. 培养学生劳动实践习惯	23	1.93%
B. 培养学生劳动实践习惯、劳动知识与技能、劳动情感品质与道德、劳动价值观，以劳动实践习惯核心	175	14.68%
C. 培养学生劳动实践习惯、劳动知识与技能、劳动情感品质与道德、劳动价值观，以劳动知识与技能为核心	351	29.45%
D. 培养学生劳动实践习惯、劳动知识与技能、劳动情感品质与道德、劳动价值观，以劳动情感品质与道德为核心	352	29.53%
E. 培养学生劳动实践习惯、劳动知识与技能、劳动情感品质与道德、劳动价值观，以劳动价值观为核心	291	24.41%
本题有效填写人次	1192	

在教师对学生劳动素养认知情况调查中，针对"您对自己学生的劳动素养情况清楚掌握吗"问题的回答中，选择"不多"占比为31.29%，选择"还可以"占比为45.13%，选择"非常清楚"占比为14.09%。

表3-19 您对自己学生的劳动素养情况清楚掌握吗

选项	小计	比例
A. 极少	18	1.51%
B. 很少	95	7.97%
C. 不多	373	31.29%
D. 还可以	538	45.13%
E. 非常清楚	168	14.09%
本题有效填写人次	1192	

综上，尽管教师对劳动教育重要性的认知情况总体良好，但教师劳动教育的条件与能力也存在不足之处。如教师在回答有关劳动价值观问题时，有一半老师将家庭幸福作为自己选项，这也印证了后面学生在这方面的价值取

向特点。另外，教师对于劳动教育的课程实施也存在信心不足的问题。

三、学生劳动素养方面

学生劳动素养随着不同年龄段和学段的不同，也呈现一定的变化性。在调查中进行了分别调查，其中有 624 名大学生参与调查，1095 名中学生参与调查，515 名小学生参与调查。

在有关学生劳动价值观的调查中，针对"你认为哪种人才算是幸福的"问题的回答中，大学生选择"家庭美满"占比为 55.61%，选择"事业成功"占比为 21.15%，选择"贡献社会"占比为 11.38%。

表 3-20　你认为哪种人才算是幸福的

选项	小计	比例
A. 锦衣玉食	17	2.72%
B. 有钱有势	57	9.13%
C. 家庭美满	347	55.61%
D. 事业成功	132	21.15%
E. 贡献社会	71	11.38%
本题有效填写人次	624	

在中学生中，选择"家庭美满"占比为 59.18%，选择"事业成功"占比为 21.83%，选择"贡献社会"占比为 14.98%。

表 3-21　家庭美满

选项	小计	比例
A. 锦衣玉食	11	1.00%
B. 有钱有势	33	3.01%
C. 家庭美满	648	59.18%
D. 事业成功	239	21.83%
E. 贡献社会	164	14.98%
本题有效填写人次	1095	

在小学生中,选择"家庭美满"占比为66.80%,选择"事业成功"占比为13.59%,选择"贡献社会"占比为14.37%。

表3-22 家庭美满

选项	小计	比例	
A. 锦衣玉食	5		0.97%
B. 有钱有势	22		4.27%
C. 家庭美满	344		66.80%
D. 事业成功	70		13.59%
E. 贡献社会	74		14.37%
本题有效填写人次	515		

同样,在有关学生劳动价值观的调查中,针对"下面这些人中你最羡慕的是"问题的回答中,大学生选择"有钱老板"占比为28.37%,选择"科学家"占比为29.01%,选择"普通工作者"占比为20.03%,选择"劳动模范"占比为16.83%。

表3-23 下面这些人中你最羡慕的是

选项	小计	比例	
A. 网红、明星等	36		5.77%
B. 有钱老板	177		28.37%
C. 普通工作者	125		20.03%
D. 科学家	181		29.01%
E. 劳动模范	105		16.83%
本题有效填写人次	624		

在中学生中,选择"有钱老板"占比为11.32%,选择"科学家"占比为43.29%,选择"普通工作者"占比为15.07%,选择"劳动模范"占比为26.58%。

表 3-24　有钱老板

选项	小计	比例
A. 网红、明星等	41	3.74%
B. 有钱老板	124	11.32%
C. 普通工作者	165	15.07%
D. 科学家	474	43.29%
E. 劳动模范	291	26.58%
本题有效填写人次	1095	

在小学生中，选择"有钱老板"占比为 9.71%，选择"科学家"占比为 43.88%，选择"普通工作者"占比为 22.52%，选择"劳动模范"占比为 21.94%。

表 3-25　有钱老板

选项	小计	比例
A. 网红、明星等	10	1.94%
B. 有钱老板	50	9.71%
C. 普通工作者	116	22.52%
D. 科学家	226	43.88%
E. 劳动模范	113	21.94%
本题有效填写人次	515	

在有关学生劳动情感与品质情况的调查中，针对"看到扫垃圾的清洁工在清理很脏的垃圾，你会如何"问题的回答中，大学生选择"感到工人辛苦"占比为 45.03%，选择"敬佩工人吃苦耐劳精神"占比为 38.62%，选择"没什么感觉"占比为 12.02%。

表 3-26　看到扫垃圾的清洁工在清理很脏的垃圾，你会如何

选项	小计	比例
A. 看一眼就不敢看了	7	1.12%
B. 心想自己以后决不会做这样工作	20	3.21%

续表

选项	小计	比例	
C. 没什么感觉	75		12.02%
D. 感到工人辛苦	281		45.03%
E. 敬佩工人吃苦耐劳精神	241		38.62%
本题有效填写人次	624		

在中学生中，选择"感到工人辛苦"占比为39.54%，选择"敬佩工人吃苦耐劳精神"占比为48.40%，选择"没什么感觉"占比为7.85%。

表3-27 感到工人辛苦

选项	小计	比例	
A. 看一眼就不敢看了	7		0.64%
B. 心想自己以后决不会做这样工作	39		3.56%
C. 没什么感觉	86		7.85%
D. 感到工人辛苦	433		39.54%
E. 敬佩工人吃苦耐劳精神	530		48.40%
本题有效填写人次	1095		

在小学生中，选择"感到工人辛苦"占比为35.15%，选择"敬佩工人吃苦耐劳精神"占比为45.24%，选择"没什么感觉"占比为14.95%。

表3-28 感到工人辛苦

选项	小计	比例	
A. 看一眼就不敢看了	3		0.58%
B. 心想自己以后决不会做这样工作	21		4.08%
C. 没什么感觉	77		14.95%
D. 感到工人辛苦	181		35.15%
E. 敬佩工人吃苦耐劳精神	233		45.24%
本题有效填写人次	515		

同样，在有关学生劳动情感与品质的调查中，针对"自己急着要出去玩，

可家里等会要来客人，爸爸要你把整个屋子打扫干净，你会如何"问题的回答中，大学生选择"整个屋子简单扫一下"占比为27.72%，选择"能较认真完成，但心里不平静"占比为29.49%，选择"心平气和地把屋子认真打扫干净"占比为33.33%。

表3-29 自己急着要出去玩，可家里等会要来客人，爸爸要你把整个屋子打扫干净，你会如何

选项	小计	比例
A. 不管了，先出去玩	9	1.44%
B. 把客厅简单两分钟收拾一下	50	8.01%
C. 整个屋子简单扫一下	173	27.72%
D. 能较认真完成，但心里不平静	184	29.49%
E. 心平气和地把屋子认真打扫干净	208	33.33%
本题有效填写人次	624	

在中学生中，选择"整个屋子简单扫一下"占比为15.07%，选择"能较认真完成，但心里不平静"占比为30.05%，选择"心平气和地把屋子认真打扫干净"占比为48.77%。

表3-30 整个屋子简单扫一下

选项	小计	比例
A. 不管了，先出去玩	9	0.82%
B. 把客厅简单两分钟收拾一下	58	5.30%
C. 整个屋子简单扫一下	165	15.07%
D. 能较认真完成，但心里不平静	329	30.05%
E. 心平气和地把屋子认真打扫干净	534	48.77%
本题有效填写人次	1095	

在小学生中，选择"整个屋子简单扫一下"占比为23.69%，选择"能较认真完成，但心里不平静"占比为22.91%，选择"心平气和地把屋子认真打扫干净"占比为47.38%。

表 3-31 整个屋子简单扫一下

选项	小计	比例
A. 不管了，先出去玩	1	0.19%
B. 把客厅简单两分钟收拾一下	30	5.83%
C. 整个屋子简单扫一下	122	23.69%
D. 能较认真完成，但心里不平静	118	22.91%
E. 心平气和地把屋子认真打扫干净	244	47.38%
本题有效填写人次	515	

在有关学生劳动知识与技能掌握情况的调查中，针对"你会洗衣服上的油污吗"问题的回答中，大学生选择"洗过衣服，但洗不好"占比为 33.17%，选择"能洗干净"占比为 36.06%，选择"有办法很快洗干净"占比为 22.12%。

表 3-32 你会洗衣服上的油污吗

选项	小计	比例
A. 不会，没洗过	9	1.44%
B. 较少洗过	45	7.21%
C. 洗过衣服，但洗不好	207	33.17%
D. 能洗干净	225	36.06%
E. 有办法很快洗干净	138	22.12%
本题有效填写人次	624	

在中学生中，选择"洗过衣服，但洗不好"占比为 26.03%，选择"能洗干净"占比为 38.54%，选择"有办法很快洗干净"占比为 18.54%。

表 3-33 洗过衣服，但洗不好

选项	小计	比例
A. 不会，没洗过	64	5.84%
B. 较少洗过	121	11.05%
C. 洗过衣服，但洗不好	285	26.03%

选项	小计	比例
D. 能洗干净	422	38.54%
E. 有办法很快洗干净	203	18.54%
本题有效填写人次	1095	

同样，在有关学生劳动知识与技能掌握情况的调查中，针对"你会洗茶杯上的茶渍吗"问题的回答中，小学生选择"洗过茶杯，但洗不好"占比为35.73%，选择"能洗干净"占比为27.57%，选择"有办法很快洗干净"占比为19.61%。

表3-34 你会洗茶杯上的茶渍吗

选项	小计	比例
A. 不会，没洗过	36	6.99%
B. 较少洗过	52	10.10%
C. 洗过茶杯，但洗不好	184	35.73%
D. 能洗干净	142	27.57%
E. 有办法很快洗干净	101	19.61%
本题有效填写人次	515	

在有关学生劳动实践习惯情况的调查中，针对"你起床叠被子吗"问题的回答中，大学生选择"很少"占比为16.51%，选择"偶尔叠，但叠得不好"占比为23.08%，选择"经常叠"占比为32.37%，选择"基本叠，叠得还好"占比为23.88%。

表3-35 你起床叠被子吗

选项	小计	比例
A. 从不	26	4.17%
B. 很少	103	16.51%
C. 偶尔叠，但叠得不好	144	23.08%
D. 经常叠	202	32.37%

续表

选项	小计	比例
E. 基本叠，叠得还好	149	23.88%
本题有效填写人次	624	

在中学生中，选择"很少"占比为9.32%，选择"偶尔叠，但叠得不好"占比为20.55%，选择"经常叠"占比为43.01%，选择"基本叠，叠得还好"占比为24.57%。

表3-36 很少

选项	小计	比例
A. 从不	28	2.56%
B. 很少	102	9.32%
C. 偶尔叠，但叠得不好	225	20.55%
D. 经常叠	471	43.01%
E. 基本叠，叠得还好	269	24.57%
本题有效填写人次	1095	

在小学生中，选择"很少"占比为11.46%，选择"偶尔叠，但叠得不好"占比为31.26%，选择"经常叠"占比为30.87%，选择"基本叠，叠得还好"占比为22.33%。

表3-37 很少

选项	小计	比例
A. 从不	21	4.08%
B. 很少	59	11.46%
C. 偶尔叠，但叠得不好	161	31.26%
D. 经常叠	159	30.87%
E. 基本叠，叠得还好	115	22.33%
本题有效填写人次	515	

综上，一方面，就学生的劳动素养的横向维度来说，学生的劳动价值观

与劳动情感品质总体良好，劳动知识与技能和劳动实践习惯表现尚可。另一方面，从学生劳动素养形成的纵向角度来看，劳动教育的效果不明显，一些大学生的劳动习惯相对中小学生来说没有进步，甚至有小的退步，劳动素养的其他方面也没有明显进步。

第三节　结果分析

一、学校劳动教育实施的不足之处

在学校劳动教育实施过程中，出现重"劳动活动形式"轻"教育实质内容"，重"个人劳动实践"轻"集体劳动教育"，劳动教育的形式单一陈旧，对新技术新技能的关照不够，劳动教育的整体规划与系统设计不足等问题，导致学校劳动教育陷入形式化、空心化、碎片化等困境。

第一，重"劳动活动形式"轻"教育实质内容"。"劳动"和"劳动教育"是两个不同的概念范畴。在劳动教育的实施过程中，"劳动"是一种手段和途径，"教育"才是落脚点。劳动过程不能仅仅是劳动，而是要以"劳"实现"育"人的目标。学校劳动教育应着眼劳动的教育价值，科学设计有价值的劳动教育内容，使学生在掌握基本的劳动知识与技能，养成良好的劳动实践习惯的同时，能培养良好的劳动情感与品质，树立科学的劳动观。通过调查发现，在现实中，重"劳动活动形式"轻"教育实质内容"，以"劳动"代替"劳动教育"的现象频发，这必然使得劳动教育形式化。在学生的劳动素养中，劳动价值观教育有待进一步加强，教师的劳动价值观对学生劳动价值观形成明显的影响作用。就劳动习惯来说，大中小学生之间的纵向发展没有体现，一些大学生的劳动习惯相对中小学生来说没有进步，说明教育效果不佳。

第二，重"个人劳动实践"轻"集体劳动教育"。集体主义教育是青少年价值观引导的重要内容，劳动教育还应承载集体主义教育的功能。在这样的教育目标引导下，学生明白为集体而劳动，在集体劳动中接受教育特别重要。

许多学校在劳动教育活动设计中，对这样的教育目标忽视了，公益服务性劳动教育活动偏少，在学校劳动教育的实施过程中也往往忽略了劳动教育的集体主义导向，而仅仅注重学生个体形式的劳动教育。

第三，劳动教育的形式单一陈旧，对新技术新技能的关照不够。当前学校的劳动教育活动开展比较普遍，但劳动教育的形式单一陈旧，对新技术新技能的关照明显不够。学校组织开展的劳动教育活动涉及常见的手工生产与制作、日常的农业生产劳动和简单工业生产劳动三方面，而工业生产劳动开展范围明显低于手工制作和农业生产劳动。劳动教育对创造性能力的关注度不足，生产劳动内容的科技含量较低，对新技术新技能的关照不够。

第四，劳动教育的整体规划与系统设计不足。当前，大部分学校的劳动教育关照缺乏整体规划与系统设计，更多的是作为配合学科内容教学或思想品德教育的载体或工具，忽视了劳动教育自身的独立性与系统性，难以促进学生劳动素养的形成。许多学校在劳动教育的实施上处于零散随意的状态，缺乏整体的规划。这主要表现在两方面，一是学校劳动教育与其他教育活动之间系统规划不足；二是整合学校、家庭和社会的劳动教育资源不够。从"德智体美"四育发展到"德智体美劳"五育，劳动教育的独立性必然要求专业化、系统化。这就需要学校应把劳动教育实施当作一个系统工程，明确劳动教育的目标，系统构建劳动教育内容，科学进行劳动教育评价。

二、学校劳动教育现状对劳动教育实践的启示

第一，劳动课程规范化是劳动教育有效实施的基本途径。目前，大部分学校都开设了劳动课程，但劳动课程的规范化还有欠缺，从而使得教育效果大打折扣。劳动课程的建设需要遵循课程建设的一般规律，同时还要依据劳动教育课程的特殊性，设立明确的教学目标、充实的教学内容、合理的教学方法和科学的教学评价。要以学生劳动素养的提升为目标引导劳动课程的规范建设。同时，在劳动课程的实施上要有相关配套管理与监督措施，有比较明确的评价与监督体系，避免劳动课程落实不到位问题。

第二，要着眼大中小一体化，对劳动教育有整体设计。在顶层设计，首先，必须明确提升学生的劳动素养是劳动教育的根本目标。其次，在对待劳

动素养的认知上要形成统一而明确的共识，唯有劳动素养的评价维度得到确定，劳动教育的顶层设计才有前提保障。与此同时，要遵循学生劳动素养形成的规律，在大中小学不同学段有不同侧重和合适的教育教学方式方法。在统一目标的指引下避免重复和停顿，内容和形式的创新性与连续性是学生劳动素养持续提升的关键。不同的劳动教育内容和方式方法在培养学生劳动价值观、情感品质、劳动习惯和劳动知识技能方面的效力是不同的。此外，劳动教育要注重学生创新素养和适应现代社会生产生活的需要，与时代同频共振，及时与信息技术、智能技术等新兴劳动内容相结合，将最新及未来趋势性的劳动内容纳入其中，在培养学生劳动观念、劳动技能的同时，提升其劳动创新意识。

第三，要注重师资与条件保障。与一般的学科课程相比，劳动教育更注重活动性、参与性、体验性、场景性，学生需要在鲜活的情境中感受劳动的伟大，在亲自体验中感受劳动创造美，在协作分工中懂得劳动不分贵贱。劳动教育课程相对一般课程而言要求更高、难度更大，这就需要有专门的、受过劳动教育培训的教师。要对教师自身的劳动素养进行把关，尤其是重视教师的劳动价值观对学生劳动价值观的影响作用。在提升劳动教育教师劳动教育意识的同时，对劳动课教师的教学设计能力、组织能力、评价能力进行培训。学校应该在劳动教育制度建设、资金投入等方面给予充分保障，主动与地方政府和其他学校对接，积极共建区域性劳动教育实践基地，根据劳动素养评价体系系统规划与设计劳动教育实践基地的布局、设施设备、教育活动设计、考核评价方式等。避免把旅游式、娱乐式、碎片式的劳动活动体验当作劳动教育，强化劳动教育的育人性和实效性。

三、学校劳动教育现状对劳动教育评价的启示

第一，在评价理念上要突出发展导向，以学生劳动情感品质与劳动观养成为核心。劳动教育评价应遵循劳动教育的本质要求，在关注学生劳动知识与技能培养的同时，更要注重过程性评价，把学生健康的劳动情感与品质以及马克思主义劳动观的养成情况作为评价核心。

第二，在评价内容上应以劳动素养的科学维度为标准完善评价指标。劳

动教育的根本在于对学生劳动素养的培育上。新时代的学生应该具备怎样的劳动素养必然是劳动教育评价面临的标准所在。具体来说，劳动教育评价的内容应包括劳动知识与技能评价、劳动情感与品质评价、劳动实践习惯评价以及劳动价值观评价。

第三，在评价方法上要采用质性评价为主，量化评价为辅的方式方法。量化评价是通过量化工具来进行评价，注重从来自客观的量化数据分析因果关系。质性评价则强调收集和分析定性信息，并以此解释评价对象。就劳动教育的独特性来说，劳动教育评价应采用质性评价为主、量化评价为辅的方式。

第四，在评价的具体操作上可以通过记录劳动过程，完成相关测试，建立劳动档案袋等方式来进行。学校劳动教育评价应遵循连续性原则，客观记录学生劳动素养表现，整理学生具有代表性的劳动事实材料，形成每一个学生的劳动档案袋，这对于提高劳动教育评价的针对性和实效性具有重要作用。

第四章

新时代大中小学劳动教育评价指标体系构建的依据与原则

第一节　学校劳动教育评价体系构建依据

本节所涉及的学校劳动教育评价指标体系构建的依据主要包括理论依据、现实依据和政策依据三方面。

一、理论依据

（一）教育三要素相关理论

就教育的要素来说，不同的学者有不同的认识，其中主要的观点有四要素说和三要素说。持教育三要素观点的不同学者对三要素的具体表达和内涵的侧重点也不尽相同，但大体逻辑架构是统一的，都是把教育者、受教育者作为较为固定的两个要素，就第三个要素的总结和表达有较多分歧，有的从环境视角来切入，有的从条件视角来切入，有的从影响视角来表达。如蒙台梭利认为教育环境、教师、孩子这三方面构成教育的三大要素。持教育四要素观点的学者更多是把教育内容或别的方面从教育影响（或环境，或条件等）中剥离出来，单独作为一个要素。

一般来说，教育三要素说旨在将教育者、受教育者和教育影响三个要素共同构建一个相对独立的系统。教育者指从事教育活动的人，不仅指教师，也指从事教育职业的相关人员，指向的是一种对教育的内在认知与态度，以及实际教育行为的要求。受教育者是相对教育者而言的，除了包括学校里的学生或者家庭里的孩子，随着知识社会和终身学习时代的来临，受教育者也指接受教育的全社会公民。教育影响指的是通过教育活动实现教育者作用于受教育者的全部知识信息、情感及价值。这里包括两方面，一是内容，二是形式，并要求实现形式与内容的统一。就内容方面来说，主要是指具体的教育内容、教学材料等；就形式方面来说，主要是指教育手段、教学条件、教学方法以及教育组织形式等。由于教育不同于工业生产，有着自身的独特规律。受教育者的基础条件等方面不同，教育者针对不同受教育者的教育内容与方法也应不同，从而使得受教育者的教育效果也会不同。个性化学习与教育是教育的一项根本规律，这也使得由教育者、受教育者和教育影响构成的教育系统运行机制非常复杂，从而对教育管理与评价提出了更高要求。

当教育三要素理论应用到学校这个环境中，就是指教师、学生、学校的教育影响三方面。学生既是学校教育活动的主体，也是教育活动的对象。不同之处在于：就教育主体来说，要把学生当成一个独立的人来看待，其自身的主观能动性在自己的学习成长过程中要发挥重要的主体作用；就对象性来说，教育的目标是要提高学生的素养，这时表现出一定的客体性质。教师是最专业的教育者，教育工作是其职业，应该具备足够的教育学知识和其他专门知识。但对教师的要求还远远不止这些，教育的最终目的是要让教育计划中的理想目标落实到学生实际行动上，教师自身的言行和人格魅力等都在潜移默化地影响着学生，所谓"学高为师，身正为范"。学校的教育影响包含的内容非常多，有认识层面的、保障层面的，更有实际的教育实践活动层面的。

（二）"知情意行"相关学说

从认知层面来说，"知情意"三分框架是心理学上被广泛认可的区分形式。虽然在人的实际认知过程中会有在感觉、知觉基础上形成概念，进而进行判断、推理的过程，但在实际上还是离不开情绪情感、意志等因素的参与。心理学上把这些复杂心理活动区分为"认识、情感和意志"，即可简称为知、情、意。"知、情、意"在哲学上也是常被讨论的重要命题。但在三者之间的关系上，往往把"知"放在首位，认为"知"占据绝对的第一位。从古希腊开始，西方就认为人具备"理智""精神"和"自我意识"，可以认知客观世界。同时，他们认为人的情感、意志是不可捉摸的，不具有可靠性，应将其从思维中摒除。这种追求"绝对理性"的思想倾向逐渐发展为思辨的哲学体系。"情""意"相对"知"来说是隐微的心理活动，但不能由此否定或削弱"情""意"的作用。"知"的过程是"包括形成概念、比较分析、逻辑推理、综合判断、价值评估等对被认知对象（内容、优长、不足、性质）的理解、领悟、判断和评价"①。在此过程中，"情""意"必然发挥着重要作用。

心理学与哲学上关于"知、情、意"的理论研究对于教育学有着重要的指引作用，尤其表现在思想品德教育层面。思想品德素质的养成是一个知、情、意、行统一的过程。"知"是人关于思想道德的认识和观念，是对思想品德及意义的理解，是人对客观事物的主观态度和行为发生的内在认知依据；"情"是指人的思想品德情感，是在进行思想品德判断时产生的爱憎、好恶，是发生思想道德判断或行为时的情感表现，对思想品德认知和行为发挥激励和调节作用；"意"指的是意志，是人们在进行思想品德判断时内心进行的较量与权衡，这个评判的最终标准在于对该事物的价值观念。正因为如此，价值观在人的意志过程中发挥着根本作用。"行"即思想品德行为，是人的思想品德内在品质的外化表现，也是人思想道德品质好坏最外在的表现。在思想品德教育过程中，既要提高受教育者的思想品德认知，陶冶其思想品德情操，锤炼其思想品德意志，还要帮助其养成稳定的思想品德行为习惯。

劳动教育的过程同样离不开知、情、意、行四个部分，缺一不可。首先，不能把劳动教育的过程简单地理解为让受教育者参加一些劳动实践活动。除劳动实践行为的养成教育外，劳动教育还包含对劳动知识与技能的教育、劳动健康情感的培育以及劳动价值观的培育等教育过程。就学校来说，对学生劳动素养的评价也应着眼知、情、意、行四方面。

（三）劳动素养的四重维度理论②

确立劳动素养四重维度除了源于对知识教育和价值教育深刻认知外，还需要援引有关素养和心理学相关理论成果。素养的定义是指一个人的修养，从广义上讲，包括道德品质、外表形象、知识水平与能力等各方面。

---

① 李承贵. 生生的传统：20世纪中国传统哲学认知范式研究［M］. 北京：中国社会科学出版社，2018：3.
② 此部分内容为项目主持人已取得的理论成果。

1. 知识教育与价值教育的差异认知分析。劳动教育不同一般学科的知识教育，从根本上来说属于价值教育。因此，对劳动素养的研究需要运用价值教育的思维进行审视。首先，知识教育与价值教育的目标具有差异性。知识教育的目标主要是让受教育者获得相应的知识信息和技能，在要求上达到真懂、真会。而价值教育的目标是让受教育者在接受一定的知识信息后，在情感上真诚接受，并最终能付诸真实行动。其次，知识教育与价值教育的运行机制具有差异性。知识教育的运行机制相对简单，有科学合理的知识信息源提供，采用适合受教育者的教学教育方式，扩充其信息量，启发其思维以达到真懂目的。而对价值教育来说，知识信息的传递只是第一步，教育者还要充分调动受教育者的情感运行机制，逐渐将其所知道的道理转化成真实信念，并最终在自己理想信念和真实情感支撑下化作现实行动。在整个价值教育过程中，体现了人的"信息渴望、逻辑偏好、情感依赖、价值归依"特性。最后，知识教育与价值教育的方法手段具有差异性。知识教育的方法手段主要表现为学习过程中人的注意力、理解力等智力因素层面，而价值教育更需要于情感的共鸣和价值的认同。价值教育要求教育者在如何调动情感上下功夫，把触动受教育者真实情感作为首要方法研究对象，在真实情感触碰基础上合理做好价值引领才能最终达到教育目的。

2. 新时代劳动素养四重维度的层次架构。现有劳动素养的研究者从不同视角对劳动素养开展了研究，将劳动素养的构成聚焦到不同层面。这些研究成果为本研究提供了必要的理论参照，也为进一步完善新时代劳动素养维度的建构、形成更加清晰的认知提出了要求。本研究依据"知、情、意、行"相关理论，对劳动素养进行了四重维度的划分：即劳动价值观、劳动情感品质、劳动知识技能、劳动实践习惯。它们从内到外逐层展开，其结构如图4-1。

首先，劳动价值观。在构成劳动素养的四重维度里，劳动价值观不仅是最核心的要素，而且处于整个劳动素养中的第一层次，深刻影响着其他层次的劳动素养。其次，劳动情感品质。劳动情感品质在整个劳动素养中处于第二层次，它一方面要受劳动价值观的影响，同时对劳动知识技能和劳动实践习惯等素养形成影响。劳动价值观正，劳动情感与品质就相对健康，劳动道

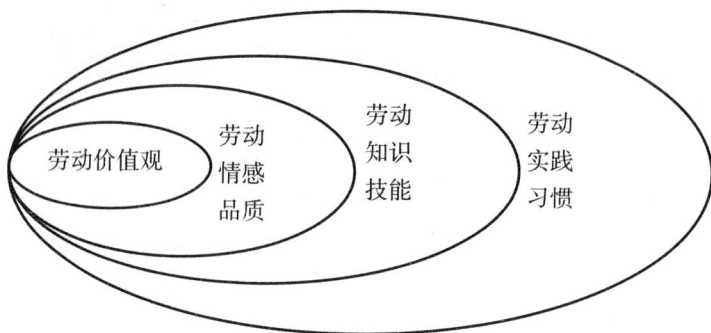

图 4-1　劳动素养的四重维度

德也高尚；同样，劳动情感品质素养高也会促使人学习更多劳动知识技能，其劳动实践习惯也会相对较好。再次，劳动知识技能。劳动知识技能在整个核养中处于第三层次。劳动价值观和劳动情感品质素养对劳动知识技能的获得产生影响，劳动知识技能又会对劳动实践习惯的养成产生影响。很难想象，一个劳动知识技能贫乏的人劳动实践习惯会好到哪里去。最后，劳动实践习惯。这里的劳动实践习惯不仅指个人自己的劳动行为，还包括对待别人劳动的表现行为，在整个素养中处于最外层。一方面，劳动价值观、劳动情感品质和劳动知识技能等因素对劳动实践习惯的形成有一定的制约；另一方面，劳动价值观、劳动情感品质和劳动知识技能等素养的体现也要通过劳动实践习惯表现出来。

（四）系统论与社会生态系统理论

1. 系统论思想。系统论思想所表达出来的核心要义就是由万千要素构成的一个系统需要用整体的眼光来加以审视。亚里士多德"整体大于部分之和"的名言很好地说明了系统的整体特性。在系统论看来，要素之间相互关联，构成了一个不可分割的整体。要素是整体中的要素，如果将要素从系统整体中割离出来，它将失去要素的作用。正像人脚在人体中它是走路的器官，一旦将脚从人体中砍下来，那时它将不再是走路的器官了一样。

运用系统论来认识事物，进而改进人的思维方式与工作方法逐渐成为必然趋势①。习近平总书记在党的二十大报告中强调："必须坚持系统观念。万事万物是相互联系、相互依存的。只有用普遍联系的、全面系统的、发展变化的观点观察事物，才能把握事物的发展规律。"② 学校劳动教育就是一项系统工程，缺乏系统观念是很难实现劳动教育的整体目标，这就对学校的相关制度连贯性和各种劳动教育资源的整合上提出了要求。

2. 社会生态系统理论。在系统论基础上，布朗芬布伦纳提出了生态系统理论。查尔斯·扎斯特罗对生态系统理论进行了发展，并形成了社会生态系统理论。2004 年，查尔斯·扎斯特罗在《理解人类行为与社会环境》中进一步阐述了个体与社会环境之间形成的多重系统以及两者之间的互动关系③。这一理论强调在整个社会生态环境中，人类行为与社会环境之间是相互联系、相互影响的。社会生态系统理论为学校劳动教育提供了重要的理论启示，成为劳动教育实践和评价的一项重要理论依据。

二、学校劳动教育评价体系构建的现实依据

"问题是时代的声音，回答并指导解决问题是理论的根本任务。"④ 在构建新时代大中学校劳动教育评价指标体系过程中，应当坚持问题导向，把学生劳动素养、学校劳动教育条件保障与实践、教师劳动教育条件与能力等方面存在的问题明晰出来。

（一）学生劳动素养欠佳

劳动素养是指通过学校教育、家庭教育和社会教育而具备的和劳动相关的素养，主要包括劳动价值认知态度、劳动知识技能、劳动情感品质以及劳动实践习惯等四个重要维度。据此可以得出，对劳动有正确的价值认识和积极主动、健康的态度，拥有必备的劳动知识和技能，形成良好的劳动实践习

---

① 乌杰．系统科学方法论与科学发展观［J］．系统辩证学学报，2005（3）：1-12.

② 习近平．高举中国特色社会主义伟大旗帜　为全面建设社会主义现代化国家而奋斗：在中国共产党第二十次全国代表大会上的报告［M］．北京：人民出版社，2022：20.

③ ZASTROW EC, KIRST-ASHMAN KK. Understanding Human Behavior and the Social Environment［J］. Brooks/Cole--Thomson Learning, 1990.

④ 习近平．高举中国特色社会主义伟大旗帜　为全面建设社会主义现代化国家而奋斗：在中国共产党第二十次全国代表大会上的报告［M］．北京：人民出版社，2022：20.

惯，就是一个具备优良劳动素养的人。然而，现实中的学生劳动素养在这些方面都表现出了一定的不尽如人意。

1. 劳动价值观不够端正。现实中有不少学生崇尚安逸享乐，以"富二代"为梦想，或者幻想一夜暴富；他们在生活上不崇尚节俭，有攀比享乐心态；他们自主劳动意识缺乏，不仅不愿意亲自动手劳动，而且还不尊重别人的劳动成果；有一部分学生对于体力劳动是一种瞧不起的态度，认为从事体力劳动是一种差劲的表现，这就体现出对体力劳动者的不尊重[①]。

2. 劳动情感品质不够健康。当前，部分学生劳动情感品质不够健康的首要表现就是劳动态度消极。他们对劳动教育认知的不足，使得其劳动意识淡薄，劳动态度消极。在这部分学生看来，经济社会发展了，科学技术进步了，人无须辛勤劳动了，也没必要发扬艰苦奋斗精神。在劳动过程中，能动性不足，劳动的诚实性也不足，经常有欺诈劳动行为发生。部分学生劳动目的的功利化明显，把参加志愿服务以及社会实践活动作为综合测评"加分"的手段，而不是作为自己认识社会和提升能力的目的。劳动情感品质不够健康还表现在劳动意志脆弱，对劳动时间的长度和劳动任务的强度忍耐性不够，不能够吃苦耐劳，对劳动有着退缩心理，更谈不上创造性开展劳动。

3. 劳动知识技能不够全面。当前部分学生普遍动手能力较差，缺乏基本的劳动知识和技能，对日常劳动工具识别、劳动常识与劳动安全知识等知晓不够；日常劳动操作熟练度不够，更有甚者，连自己的日常最基本生活都不能自理。在大中小学生中，不会做饭洗菜，不会整理房间，不会使用劳动工具，甚至不能识别日常劳动工具，把劳动工具当玩具的现象时有出现。一些大学毕业生眼高手低，只会纸上谈兵，不能很好地胜任工作岗位。学生劳动的创新性不够，具体表现在创新的广度与深度都不足。

4. 劳动实践习惯养成不足。受劳动价值观不正，劳动知识技能不足和劳动情感品质不够健康等因素影响，不少学生没有养成良好的劳动实践习惯。部分学生在日常劳动实践，服务性劳动实践与生产性劳动实践三方面都表现出欠缺。日常劳动实践在我们日常生活中接触较多，最主要的表现形式就是

---

① 张志坚，王炜 . 大学生劳动素养审视：现状、原因与对策 [J]. 机械职业教育，2020 (1)：50-55.

家务、值日等。许多学生在日常劳动实践上没有养成良好习惯。许多学生在从事服务性劳动实践（志愿实践活动）方面不能表现出良好的个人品质，积极主动地为社会提供志愿服务。在生产性劳动实践中更加强调创新与人的思维活动，而当前大部分学生参与创造性劳动的强度和频次都远远不够。

（二）教师劳动教育条件与能力不足

1. 劳动素养存在进一步提升的空间。所谓"学高为师，身正为范"，教师自身劳动素养状况必然影响其对学生劳动教育的效果。当前部分教师劳动素养存在进一步提升的空间，其中最主要的是表现在劳动价值观方面。教师劳动价值观对其产生的影响有两方面。一是，劳动价值观本身。劳动价值观是教师对劳动本源性价值、社会性价值与教育性价值的认知。当前，许多教师不能认识到教育与生产劳动相结合体现社会主义教育的本质，劳动教育是促进个体与社会发展的关键途径。二是，劳动价值观教育理念。这主要包括教师对学生进行劳动价值观教育的意识及对职责的认识，即教师明晰自我在学生劳动价值观形成的重要作用。当前，少数教师在日常教学中去自发引导学生热衷劳动、尊重劳动和推崇劳动这一方面是比较缺乏的①。

2. 主动开展劳动教育的意识不强。意识是赋予现实的心理现象的总体，是个人直接经验的主观现象，表现为知、情、意三者的统一。劳动教育意识是指教师对于学校开展劳动教育工作的认同程度，认同的程度会对学校劳动教育工作开展的顺利程度有一定的影响。当前，部分教师劳动教育意识不强首先表现在对"劳育"地位认知不到位，其次是对关于学生劳动素养的价值认知不充分，最后是对开展劳动教育不够积极主动。

3. 劳动教育与教学能力不足。教师的劳动教育与教学能力是将劳动教育付诸实践的最为关键的一步。可以说，提高教师的劳动教育与教学能力也是当下最紧迫的任务。相较于教师劳动素养与劳动教育意识，教师的教学能力是课堂教学实践得更加强有力的支撑。教师的劳动教育与教学能力主要包含五方面。一是对劳动教育知识认知情况，这里从横向和纵向两个维度来考察。二是劳动教育技能的掌握情况，从知行结合的角度来考察。三是对劳动教育

---

① 钟苗. 教师劳动素养内涵与培养路径探析 [J]. 高教论坛，2021（6）：15-16，53.

目标认知情况，从全面与具体两个维度来考察。四是劳动教育的教育教学能力。五是将劳动教育融入其他学科教育教学中的情况。在劳动实践中，需要劳动教育教师具备较强的专业实践技能，主要包括劳动各种教育资源的整合能力、劳动课程开发与实施能力、劳动教学实施及评价能力、劳动组织管理及联通能力等方面①。

（三）学校劳动教育条件保障与实践不力

学校始终是作为主阵地来保障劳动教育的开展，必要的保障不仅是开展劳动教育的前提基础、重要支撑，更对学生树立科学的劳动观念有重要意义。当前，学校劳动教育条件保障与实践表现出不力，这主要体现在认识层面，保障层面与实践层面三个维度。

1. 认识不够充分。从认识层面来看，学校重视劳动教育要从两方面开始抓。一是办学思想，学校的办学思想指导着学校的发展方向，学校从上层建筑的角度来强调劳动教育，潜移默化地让全体师生重视劳动教育。二是管理人员的认识，管理人员在教育教学的实践过程中始终发挥引领作用，整个学校的发展方向由他们带领，因此深化管理人员对劳动教育的认知将在劳动教育开展中发挥不可替代的作用。当前，许多学校在劳动教育理念上存在偏差，办学思想中对劳动教育关照不足；管理人员的认识对开展劳动教育也具有重要意义认识不到位。学校对劳动教育表现出不够重视，对劳动教育的效果缺乏科学的评价机制，没有形成明确的制度措施，引导教师开展劳动教育的主动性不够，并没有把劳动教育作为学生能力素质培养的重要内容和环节。

2. 保障不够坚实。学校所提供的各方面的保障是开展劳动教育的基础，学校应该将提供的保障细化。拥有强有力的保障，教师在开展劳动教育时也能够得心应手。学校的保障分为三类。第一类是物质保障，从劳动教育的资金，设备，师资力量等方面来提供保障。第二类是制度保障，学校制定具体制度来保障劳动教育的进行。第三类是文化制度，通过校园文化的熏陶，来保障劳动教育的进行。现实中，许多学校没有配备专业的劳动教育课教师，改由各班的辅导员、班主任或其他教师兼职担任；学校劳动教育场地相对匮

---

① 王红，向艳．新时代劳动教育教师的专业素质结构研究［J］．教育发展研究，2021（22）：62-68.

乏单一，除常见的教学楼、操场、食堂等劳动教育基地外，缺乏其他必要的劳动实践教育场地①；劳动教育有关制度不健全，机制不顺畅，教育资源整合不足；学校劳动文化和劳动教育文化氛围不浓，文化的熏染作用没有得到很好地发挥。

3. 实践不够得力。所有有关劳动教育政策的制定都是为了保证教育实践顺利地进行，劳动教育的实践活动是落实劳动教育政策的具体行动。学校落实教育实践活动主要从以下三方面进行。一是劳动课程，这是进行劳动教育最直接的方法。二是开展劳动活动，这是学生进行劳动学习最生动活泼的途径。三是学校挖掘本校特色，融入劳动教育当中，以此吸引老师和学生积极参与劳动实践活动。当前，许多学校在这三方面的实践表现不力。首先，受应试教育等因素影响，学校开设劳动课程情况不佳，更多把劳动课程作为应付检查的必要手段，在落实课程建设上不力。其次，在劳动主题活动的开展上，不能做到劳动主题活动目标的清晰与完整，也不能实现校园其他文化活动融入劳动教育。最后，大部分学校不能学校应开展特色工作，打破传统工作体系的单调乏味，提高同学们参与劳动实践的兴趣，调动老师参与劳动教育的积极性。不能将劳动教育与学校特色、专业特色相融合，不能将劳动教育与新兴技术、新平台相结合。

三、学校劳动教育评价体系构建的政策依据

近年来，党和国家颁布了有关劳动教育系列重要文件，其中主要有《中共中央 国务院关于全面加强新时代大中小学劳动教育的意见》②《大中小学劳动教育指导纲要（试行）》③ 和《义务教育劳动课程标准（2022 年版）》④。

---

① 秦婧．核心素养视角下大学生学校劳动教育现状及对策分析 ［J］．现代商贸工业，2021（21）：64-65．
② 中共中央 国务院《中共中央 国务院关于全面加强新时代大中小学劳动教育的意见》［EB/OL］．中国政府网，2020-03-26．
③ 中华人民共和国教育部《大中小学劳动教育指导纲要（试行）》［EB/OL］．中国政府网，2020-07-15．
④ 中华人民共和国教育部《义务教育劳动课程标准（2022 年版）》［EB/OL］．中国政府网，2022-04-21．

这三个文件呈现出前后相继的关系，体现了逐步细化落实的实践逻辑。三个文件具有各自特点，对于学校劳动教育评价指标体系构建形成重要依据条件。

（一）《中共中央、国务院关于全面加强新时代大中小学劳动教育的意见》

2020 年 3 月 20 日，为构建德智体美劳全面培养的教育体系，中共中央、国务院印发了《关于全面加强新时代大中小学劳动教育的意见》（以下简称《意见》）。

首先，《意见》要求以习近平新时代中国特色社会主义思想为指导，坚持立德树人和培育和践行社会主义核心价值观，使劳动教育贯穿人才培养全过程，把劳动教育纳入中小学各学段，融入家庭、学校和社会各方面，与德智、体育，美育相融合。

其次，《意见》部署了新时代劳动教育的全面构建工作。并以把握劳动教育基本内涵、明确劳动教育总体目标、设置劳动教育课程、根据不同学段特点确定劳动教育内容要求、健全劳动素养评价制度等为工作要点。

再次，《意见》指出了在劳动教育过程中家庭、学校和社会的不同作用，其中，学校在劳动教育中起着主导作用，同时要求育人合力的发挥以及劳动教育实践活动的广泛开展。

最后，《意见》在着力提升劳动教育支撑保障能力方面提出具体要求，同时规定了实践场所、人才队伍建设、经费投入机制、安全保障等方面问题。

《意见》成为新时代大中小学劳动教育评价指标体系构建的基本指导思想、原则和思路提供了基础性政策依据。

（二）《大中小学劳动教育指导纲要（试行）》

《大中小学劳动教育指导纲要（试行）》（以下简称《指导纲要》）于 2020 年 7 月由教育部印发。《指导纲要》面向的主体主要是学校，着重对劳动教育是什么、教什么、怎么教等问题进行了细化和明确，更具专业指导性质。

首先，《指导纲要》对有关劳动育人功能的基本理念进行了明确说明。要求热爱劳动，热爱劳动人民的教育活动在学生群体中广泛开展；加强学生劳动观念教育的同时还应弘扬勤俭、奋斗、创新、奉献的劳动精神；强调学生在劳动过程中的全身心参与，手脑并用；注重学生的积极主动性与创新创造精神培养。

其次，日常生活劳动教育、生产劳动教育和服务性劳动教育是《指导纲要》中劳动教育的主要内容。《指导纲要》对三种劳动的培养目标进行了规定：日常生活劳动教育的侧重点在于良好生活习惯和卫生习惯的培养，通过良好习惯的养成的方式来强化学生自立自强的意识；生产劳动教育的目的是增强学生的产品质量意识，以便学生理解平凡劳动中的伟大；服务性劳动教育是为了培养学生服务他人和社会的意识，增强社会责任感。

再次，《指导纲要》对学校劳动教育的课程开设进行了规定和要求。

最后，《指导纲要》要求学校和教师如何落实劳动教育实践活动提出了指导意见。

由于《指导纲要》直接面向的是学校，其对于学校劳动教育评价指标体系构建具有全面性和针对性。

（三）《义务教育劳动课程标准（2022 年版）》

《义务教育劳动课程标准（2022 年版）》（以下简称《课程标准》）于2022 年 4 月由教育部印发。《课程标准》是前两个文件的进一步细化和局部化，针对的问题专门指向义务教育阶段的劳动课程。

首先，《课程标准》认为，丰富开放的劳动项目是义务教育劳动课程的载体；具体课程开展的重点在于：学生在有计划有组织的条件下进行日常生活劳动、生产劳动和服务性劳动，重视学生出力流汗，动手实践，接受锻炼，磨炼意志，以便培养学生正确的劳动价值观和良好的劳动品质。

其次，《课程标准》规定，由若干项目组成的十个任务群是劳动课程的内容。烹饪与营养、家用器具使用与维护、清洁与卫生、整理与收纳四个任务群组成了日常生活劳动。生产劳动的任务群也有四个，分别是：工业生产劳动、新技术体验与应用、农业生产劳动和传统工艺制作。现代服务业劳动、公益劳动与志愿服务两个任务群组成了服务性劳动。

最后，《课程标准》将不同学段学生的特点作为依据，规定了不同学段劳动教育课程的具体内容。

虽然《课程标准》指对义务教育阶段的劳动教育课程进行了详细规定，

但同样对高校劳动教育课程提供了重要参考，因此对于学校劳动教育评价指标体系中的课程建设方面具有重要参考价值。同时，也对学生劳动素养的监测体系设计等提供了指导和依据。

第二节 学校劳动教育评价指标体系构建原则

一、目标导向原则

评价的目的一方面是为了客观评估实然，另一方面还应包含应然的价值需求。学校劳动教育评价指标体系的构建应以学校劳动教育工作作为着眼点，从条件，实践和效果三方面开展评价。在一个学校经历一定时间的劳动教育后，学生的劳动素养状况能很好反映这个学校的劳动教育工作；教师是教育的主体，发挥着重要作用，因此，对教师的劳动教育条件和能力进行评价也就体现了注重教师在劳动教育中重要作用的价值取向。另外，学校的综合条件保障和实际劳动教育活动开展是学校劳动教育的最直接呈现，因此也必然成为学校劳动教育评价的主要部分。就学生劳动素养来说，目标导向性原则体现在对劳动素养要进行全面考查，尤其是针对现实中劳动价值观不正，劳动情感不健康等深层次问题进行评价。

二、系统全面原则

由于学校劳动教育是一个庞大系统，就需要把其放在一个整体进行考查，贯彻系统观念，把劳动教育中各个子系统或要素放在劳动教育的整个系统中考量，仔细推敲考核指标和内容的逻辑合理性，避免交叉冗乱。唯有如此，才能保证整个考核体系的科学性。并且，考核内容和评价指标的全面性也是学校劳动教育评价指标体系应该注重的。无论是学校劳动教育的学生劳动素养层面，还是教师劳动教育条件和能力层面，以及学校劳动教育条件保障和实践层面，都要进行全面考量。最后，在考评学校劳动教育的过程中，对于学校劳动教育子系统或各个要素的考查也要坚持系统性原则和具体化原则。

三、科学合理原则

由于学校劳动教育是辩证的、发展的、联系的，评价指标体系的构建应当坚持科学性原则，科学设置评价指标，全面反映学校劳动教育现状，全面体现社会对学校劳动教育的要求。首先，评价体系中的指标既要反映学校劳动教育的内部规律，又要符合其适应经济社会发展的外部规律。各评价指标要严密与简约适度，合理规范。其次，学校劳动教育评价指标体系的构建应遵循相应的理论依据，着眼现实，研读党和国家相关劳动教育文件，体现出一定的理论性、政策性和客观现实性。最后，要有整体视野，在处理好每个条目的科学性、合理性的同时，充分照顾评价指标体系整体的科学性、合理性，避免单一条目合理、科学，而整个指标体系的组成不科学、不合理。

四、动态发展原则

评价体系的客观科学性必然要求其能较好地适应时代发展的要求，能够运用理论和实践发展的最新成果。在评价指标体系构建中，一是要按照党和国家对劳动教育的指导思想、基本原则、主要任务、条件保障等来设计评价体系结构与内容；二是对劳动和劳动素养的内涵要吸收马克思主义理论研究的最新成果，体现其时代性、现实性。三是在评价指标体系构建的研究思路上，要防止片面化和单一化。因而在体系指标中，应该注意按照理论联系实际，照顾不同学段学生劳动教育的特点，来设计劳动教育评价指标体系。

五、实际可操作原则

学校劳动教育评价是一项复杂的系统工程，在进行学校劳动教育评价时，必须从实际出发，抓住学校劳动教育工作的主要方面，坚持实事求是的原则，科学构建评价指标体系，既要确保评价结果的真实性和有效性，又要确保操作方法的简便性，让事实说话，让数字说话。在教师劳动教育条件和能力这部分评价的实际操作性相对容易控制，但学生劳动素养的评价难度较大，主要是由于学生不同学段的身心特点不一样，这就要求在指标体系设计时既不能挂一漏万，也不能刻舟求剑，要确保指标体系科学系统性的同时，对不同学段学生劳动素养的考查内容有区别和侧重，所使用的问卷工具应有区别。学校劳动教育条件保障与实践的评价部分应着眼认识层面、保障层面和实践层面，每个部分的评价指标要清晰。

第三节　基于文献研究初步构建的大中小学劳动教育评价指标体系

　　根据教育三要素、知情意行、劳动素养四重维度、系统理论以及社会生态系统理论等理论，并依据目标导向、系统全面、科学合理、动态发展和实际可操作等原则，在理论文献及党和国家相关重要文献研究基础上构建新时代大中小学劳动教育评价指标体系。新时代大中小学劳动教育评价指标体系旨在为学校的劳动教育工作进行全面评价提供依据，由3项一级指标、10项二级指标、37个三级指标构成，设101个观测点，具体如表4-1所示。

表4-1　新时代大中小学劳动教育评价指标体系

一级指标	二级指标	三级指标	观测点
学生劳动素养	劳动价值观	劳动的个人价值认知	T1 人生态度
			T2 劳动对个人成长的作用
			T3 对父母长辈劳动付出的感恩
		劳动的社会价值认知	T4 价值观念
			T5 人在社会发展中的作用
			T6 责任担当意识
			T7 人在世界中的地位
			T8 人类社会发展根本动力
			T9 追求进步意识

续表

一级指标	二级指标	三级指标	观测点
学生劳动素养	劳动情感与品质	劳动艰辛忍耐度	T10 克服劳动艰辛的强度
			T11 克服劳动艰辛的时间长度
		劳动态度认真度	T12 对劳动的重视度
			T13 劳动专注度
		劳动热爱度与劳动幸福感	T14 排斥劳动情况
			T15 劳动获得感体验情况
			T16 劳动中的幸福与快乐体验情况
		自主劳动意识	T17 劳动的主动性
			T18 劳动中个体主体性作用发挥状况
		诚实劳动品质	T19 尊重各种劳动者情况
			T20 尊重别人劳动成果情况
			T21 诚实劳动情况
	劳动知识与技能	日常劳动知识知晓度	T22 日常劳动工具识别能力
			T23 劳动常识
			T24 劳动安全知识认知情况
		日常劳动操作熟练度	T25 家务劳动操作熟练度
			T26 其他劳动状况
		非日常劳动知识与技能掌握情况	T27 复杂劳动知识与技能掌握情况
		创新性劳动能力	T28 创新的广度
			T29 创新性深度
		日常个人劳动情况	T30 种类
			T31 频次
		公益志愿活动情况	T32 种类
			T33 频次

一级指标	二级指标	三级指标	观测点
学生劳动素养	劳动实践习惯	创新性劳动情况	T34 创新性强度
			T35 频次
	教师劳动素养	劳动价值观	T36 劳动个人价值认知
			T37 劳动社会价值认知
			T38 劳动人类价值认知
		劳动情感与品质	T39 劳动艰辛忍耐度
			T40 劳动态度情况
			T41 劳动热爱度与劳动幸福感状况
		劳动情感与品质	T42 诚实劳动品质等劳动道德状况
			T43 自主劳动意识状况
		劳动知识与技能	T44 日常劳动知识知晓度
			T45 日常劳动操作熟练度
			T46 教师职业知识与技能
			T47 较复杂劳动知识技能情况
		劳动实践习惯	T48 日常个人劳动情况
			T49 公益志愿活动情况
			T50 生产（创新性）劳动情况
	劳动教育意识	"五育"并举政策认可度	T51 "劳育"地位的认可度
			T52 "劳育"与德智体美教育的关系认知
		学生劳动素养的价值认知	T53 学生劳动素养识别能力
			T54 学生劳动素养重要性认知
		开展劳动教育的主动性	T55 现实紧迫性感知
			T56 情感驱动表现

一级指标	二级指标	三级指标	观测点
学生劳动素养	劳动教育与教学能力	劳动教育知识认知情况	T57 知识的广度
			T58 知识的深度
		劳动教育技能掌握情况	T59 劳动教育技能知晓情况
			T60 劳动教育技能运用能力
		劳动教育目标认知情况	T61 目标认知完整度
			T62 目标认知清晰度
		劳动教育的教学能力	T63 教学设计能力
			T64 教学组织能力
			T65 教学评价能力
		在其他教育中融入劳动教育的情况	T66 非劳动教育中融入劳动教育的次数
			T67 非劳动教育中融入劳动教育的效果
学校劳动教育条件保障与实践	认识层面	办学思想	T68 办学思想中对劳动教育的关照度
		领导认识	T69 学校领导层对劳动教育重要性认识
			T70 学校领导层对劳动教育重要性重视度
		其他教育工作者整体认识	T71 其他教育工作者对劳动教育的认知度
			T72 其他教育工作者对劳动教育的重视度
	保障层面	物质保障	T73 劳动教育资金投入状况
			T74 劳动教育基础设施状况
			T75 劳动教育师资配备情况
			T76 劳动教育场地情况
		制度保障	T77 学校有关劳动教育的直接制度数量
			T78 涉及劳动教育的间接制度数量
			T79 劳动教育评价、考核与督导制度
			T80 制度联动性与一贯性

一级指标	二级指标	三级指标	观测点
学校劳动教育条件保障与实践	保障层面	制度保障	T81 劳动教育运行机制顺畅度与资源整合度
		文化保障	T82 校园劳动文化
			T83 校园劳动教育文化
	实践层面	劳动教育课程	T84 劳动教育课开展状况
			T85 劳动教育教材建设状况
			T86 劳动教育课程受欢迎度
			T87 劳动教育课程的考核情况
			T88 劳动教育课程的备课、研究情况
			T89 其他课程中融入劳动教育情况
			T90 思想政治教育融入劳动教育情况
		活动（非课程）	T91 全年开展劳动主题的活动频次
			T92 全年开展课外劳动体验活动的频次
			T93 全年开展课外志愿服务活动频次
			T94 全年开展动手创新活动频次
			T95 主要针对劳动价值观、劳动情感品质与道德的教育活动频次
			T96 劳动教育活动的目标的清晰度与完整度
			T97 校园其他文化活动中融入劳动教育情况
		特色工作	T98 将劳动教育与学校、专业等特色结合情况
			T99 将劳动教育与新技术、新载体相结合情况
			T100 劳动教育科研、教研及运用情况
			T101 劳动教育成果推广宣传情况

第五章

基于专家意见修正的新时代大中小学劳动教育评价指标体系

第一节 研究目的

本研究团队在文献研究基础上，依据有关理论、现实情况和政策文件，运用相应原则初步构建了新时代大中小学劳动教育评价指标体系。此指标体系虽初步具有一定的科学性和系统性，但这种构建主要是依据单个人（团队）的主观判断，具有片面性，这就需要通过吸纳不同专家的合理意见来加以完善。专家咨询法虽也是一种主观评价法，但不同专家的知识积累、思维视角与方法、现实洞察能力等各自有别，他们共同审视同一指标体系，必然能发现指标体系中一些不合理的地方。另外，在专家咨询法中，根据指标的满意度进行筛选，可以得到专家对指标的直接评价，操作起来也相对简便。本研究充分吸纳专家意见，对所构建的新时代大中小学劳动教育评价指标体系进行完善。

第二节 研究方法

本研究在专家的选取上，遵循理论和实践双注重的原则，既有从事劳动教育研究的理论专家，也有来自大中小学教育实践一线的专家，既有从事学校管理的专家，也有从事教育教学的专家。专家代表的不同性质确保指标体系所涉及的各方面都能被关照。在听取专家意见基础上，修改和完善了新时代大中小学劳动教育评价指标体系。为了能充分吸收专家合理意见，本研究进行了两轮专家意见咨询，根据理论研究基础上初步构建的新时代大中小学劳动教育评价指标体系设计编写了第一次专家意见咨询问卷。在意见收集后对原有指标体系进行了修改，并依据修改后的评价指标体系设计编写了第二次专家意见咨询问卷。

第一次专家意见咨询问卷是根据新时代大中小学劳动教育评价指标体系初构框架编写的〔见附录一（1）〕，专家对指标体系三级指标分别给出自己意见，同时，专家针对各指标和观测点还能填写自己具体意见和建议。

第二次专家意见咨询问卷〔见附录一（2）〕是根据第一次专家意见咨询问卷回收结果进行编写的。专家需针对每项指标依据重要性程度进行选择（五级选项），专家还可在"修改意见"处进一步提出修改意见。

第三节　第一轮专家意见征询结果统计

一、问卷回收情况

第一轮专家意见征询共发出 17 份调查问卷，收回 15 份，问卷回收率为88%。专家针对各指标和观测点给出自己判断，并对部分指标或观测点提出了修改意见。

二、专家意见概述

新时代大中小学劳动教育评价指标体系由 3 个一级指标、10 个二级指标、37 个三级指标以及 101 个观测点构成。针对初步构建的三级评价指标，专家提出意见。根据专家意见，将观测点"劳动对个人成长的作用"做较大幅度改动，修改为"人的实践存在本质认知"，对观测点"对父母长辈劳动付出的感恩"，完善为"知恩感恩意识"；二级指标"劳动情感与品质"下面 5 个三级指标的逻辑性不够严密。专家认为，劳动情感与品质，包含两大部分，即劳动情感与劳动品质两方面，劳动情感主要体现在喜爱度（自身角度）与崇敬度（对他人角度）两方面，而劳动品质主要包括专注度、忍耐度以及诚实度三方面。二级指标"劳动情感与品质"的5个三级指标和12个观测点中，对5个三级指标从劳动情感与劳动品质两方面进行了整合，对其中2个观测点进行了较大修改。"劳动安全知识认知情况"和"劳动常识"这两个概念的相互独立性不强，故而将"劳动安全知识认知情况"观测点删除；对"非日常劳动知识与技能掌握情况"的考量应从个人长期专注的劳动和专门针对大学生的专业劳动两方面着手。部分专家认为二级指标"认识层面"下的3个三级指标设计不够严谨，有2对（4个）观测点在区分度上不明显，有1个观测点表述不够严谨，对此进行了调整；专家认为三级指标"劳动课程"下的7个观测点不合理，三级指标"活动（非课程）"下的7个观测点不合理，对此进行了整体调整。

三、各指标、观测点统计结果与修改意见

（一）"学生劳动素养"指标

根据理论研究初步构建的"学生劳动素养"指标包含"劳动价值观""劳动情感与品质""劳动知识与技能"和"劳动实践习惯"4个二级指标。"劳动价值观"包含3个三级指标，"劳动情感与品质"包含5个三级指标，"劳动知识与技能"包含4个三级指标，"劳动实践习惯"包含3个三级指标。15项三级指标共包含35个观测点。

1. "劳动价值观"二级指标专家问卷及处理情况。"劳动价值观"包含3个三级指标和9个观测点，表5-1为第一次专家问卷调查的数据统计分析结果。

表5-1 "劳动价值观"指标问卷结果统计表

二级指标	三级指标	观测点	平均数	标准差	变异系数
劳动价值观	劳动的个人价值认知	T1 人生态度	2.87	0.34	11.86%
		T2 劳动对个人成长的作用	1.67	0.47	28.28%
		T3 对父母长辈劳动付出的感恩	2.67	0.60	22.36%

二级指标	三级指标	观测点	平均数	标准差	变异系数
劳动价值观	劳动的人类价值认知	T4 价值观念	2.67	0.47	17.68%
		T5 人在社会发展中的作用	2.40	0.61	25.46%
		T6 责任担当意识	2.67	0.47	17.68%
	劳动的人类价值认知	T7 人在世界中的地位	2.67	0.49	18.35%
		T8 人类社会发展根本动力	2.53	0.47	18.63%
		T9 追求进步意识	2.53	0.57	22.67%

"劳动价值观"指标的总体效果尚可,9个观测点的平均数为2.52,在合理范围之内。但也有个别观测点平准数小于2,9个观测点的标准差为0.50,较为理想,9个观测点的变异系数为20.33%,说明专家认可度的一致性不是很强,其主要原因在于个别观测点变异系数偏高。

根据专家意见,将观测点"劳动对个人成长的作用"做较大幅度改动,修改为"人的实践存在本质认知",对观测点"对父母长辈劳动付出的感恩",完善为"知恩感恩意识"。具体处理情况如表5-2所示。

根据第一次问卷征询的专家意见,二级指标"劳动价值观"的3个三级指标和9个观测点中,对3个观测点进行了较大修改,对2个观测点进行了稍微改动,对3个观测点进行了文字改动,1个观测点没变。

表5-2 "劳动价值观"指标修改意见统计表

二级指标	三级指标	观测点修改意见	修改结果(依据第一次修改意见)
劳动价值观	劳动的个人价值认知	T1 人生观态度 意见:以人生观、价值观、世界观为完整的评价体系	人生观
		T2 劳动对个人成长的作用 意见:从更深刻的视角来评价劳动实践对人本质的规定	人的实践存在本质认知
		T3 对父母长辈劳动付出的感恩 意见:仅以父母长辈来评判,范围不够充分,可直接以知恩感恩意识作为标准	知恩感恩意识

续表

二级指标	三级指标	观测点修改意见	修改结果（依据第一次修改意见）
劳动价值观	劳动的社会价值认知	T4 价值观念 意见：见 T1 意见	价值观
		T5 人在社会发展中的作用 意见：应从对人的社会本质属性认知来考量	人的社会属性本质认知
		T6 责任担当意识	
	劳动的人类价值认知	T7 人在世界中的地位 意见：见 T1 意见	世界观
		T8 人类历史观 意见：过于抽象，没集中到劳动对人类历史发展的作用	人类社会发展根本动力认知
		T9 追求进步意识 意见：表述过于狭小，应从更大的创新创业视角来考量	创新创业意识

2. "劳动情感与品质"二级指标专家问卷及处理情况。"劳动情感与品质"包含 5 个三级指标和 12 个观测点，表 5-3 为第一次专家问卷调查的数据统计分析结果。

表 5-3 "劳动情感与品质"指标问卷结果统计表

二级指标	三级指标	观测点	平均数	标准差	变异系数
劳动情感与品质	劳动艰辛忍耐度	T10 克服劳动艰辛的强度	2.73	0.44	16.18%
	劳动态度认真度	T11 克服艰辛劳动的时间长度	2.73	0.44	16.18%
		T12 对劳动的重视度	2.40	0.49	20.41%
		T13 劳动专注度	2.73	0.44	16.18%
	劳动热爱度与劳动幸福感	T14 排斥劳动情况	2.73	0.44	16.18%
		T15 劳动获得感体验情况	2.53	0.62	24.40%
	自主劳动意识	T16 劳动中的幸福与快乐体验情况	2.20	0.75	34.02%
		T17 劳动的主动性	2.73	0.44	16.18%
	诚实劳动品质	T18 劳动中个体主体性作用发挥状况	2.53	0.62	24.40%

续表

二级指标	三级指标	观测点	平均数	标准差	变异系数
劳动情感与品质	诚实劳动品质	T19 尊重各种劳动者情况	2.40	0.61	25.46%
		T20 尊重别人劳动成果情况	2.67	0.47	17.68%
		T21 诚实劳动情况	2.87	0.34	11.86%

"劳动价值观"指标的总体效果尚可，12个观测点的平均数为2.60，在合理范围之内，12个观测点的标准差为0.51，较为理想，12个观测点的变异系数为19.92%。

虽然12个观测点的数据总体良好，但根据专家意见，二级指标"劳动情感与品质"下面5个三级指标的逻辑性不够严密。专家认为，劳动情感与品质，包含两大部分，即劳动情感与劳动品质两方面，劳动情感主要体现在喜爱度（自身角度）与崇敬度（对他人角度）两方面，而劳动品质主要包括专注度、忍耐度以及诚实度三方面。根据专家意见，进行了三级指标的重新整理，具体处理情况如表5-4所示。

表5-4 "劳动情感与品质"指标修改意见统计表

二级指标	三级指标	观测点	修改情况（依据第一次修改意见）
劳动情感与品质	劳动艰辛忍耐度	T10 克服劳动艰辛的强度	
	劳动态度认真度	T11 克服艰辛劳动的时间长度	
		T12 对劳动的重视度	
		T13 劳动专注度	
	劳动热爱度与劳动幸福感	T14 排斥劳动情况	
	自主劳动意识	T15 劳动获得感体验情况	
		T16 劳动中的幸福与快乐体验情况 意见：应从更深层面，如"劳动美体验"视角进行考量	
		T17 劳动的主动性	

二级指标	三级指标	观测点	修改情况（依据第一次修改意见）
劳动情感与品质	自主劳动意识	T18 劳动中个体主体性作用发挥状况 意见：此观测点要从劳动专注度视角进行整合	
	诚实劳动品质	T19 尊重各种劳动者情况 意见：此观测点放在诚实度指标下欠合理，要整合到劳动崇敬度三级指标下	
	意见：尽管12个观测点中大部分较为合理，能够反映劳动情感与品质状况，但以"劳动艰辛忍耐度""劳动态度认真度""劳动热爱度与劳动幸福感""自主劳动意识""诚实劳动品质"为二级指标"劳动情感与品质"的三级指标，逻辑不够严密。应从劳动情感和劳动品质两个方面重新整理。	T20 尊重别人劳动成果情况	
		T21 诚实劳动情况	
		调整整合后的观测点	
劳动情感与品质	调整为5个三级指标： 劳动喜爱度 劳动崇敬度 劳动专注度 劳动忍耐度 劳动诚实度	T10 劳动接受情况（正反两个向度）	
		T11 劳动获得感情况	
		T12 劳动美体验情况	
		T13 尊重劳动者情况	
		T14 尊重劳动成果情况	
		T15 劳动的细致性品质	
		T16 劳动主观能动性的发挥程度	
		T17 成就劳动目标欲望的强度	
		T18 劳动艰辛忍耐的强度	
		T19 劳动艰辛忍耐的时间长度	
		T20 劳动的诚实品质	
		T21 享用别人劳动成果时的诚信态度	

根据第一次问卷征询的专家意见，二级指标"劳动情感与品质"的 5 个三级指标和 12 个观测点中，对 5 个三级指标从劳动情感与劳动品质两方面进行了整合，对其中 2 个观测点进行了较大修改。

3. "劳动知识与技能"二级指标专家问卷及处理情况。"劳动知识与技能"包含 4 个三级指标和 8 个观测点，表 5-5 为第一次专家问卷调查的数据统计分析结果。

表 5-5 "劳动知识与技能"指标问卷结果统计表

二级指标	三级指标	观测点	平均数	标准差	变异系数
劳动知识与技能	日常劳动知识知晓度	T22 日常劳动工具识别能力	2.80	0.40	14.29%
		T23 劳动常识	2.80	0.40	14.29%
		T24 劳动安全知识认知情况	1.33	0.47	35.36%
	日常劳动操作熟练度	T25 家务劳动操作熟练度	2.80	0.40	14.29%
	非日常劳动知识与技能掌握情况	T26 其他劳动状况	1.73	0.57	33.09%
		T27 复杂劳动知识与技能掌握情况	2.33	0.60	25.56%
	创新性劳动能力	T28 创新性广度	2.67	0.47	17.68%
		T29 创新性深度	2.67	0.47	17.68%

"劳动知识与技能"指标的总体效果尚可，8 个观测点的平均数为 2.39，在合理范围之内；8 个观测点的标准差为 0.47，较为理想；8 个观测点的变异系数为 21.53%，这主要是由于"劳动安全知识认知情况"和"其他劳动状况"两个观测点变异系数较高导致。

根据专家意见，"劳动安全知识认知情况"和"劳动常识"这两个概念的相互独立性不强，故而将"劳动安全知识认知情况"观测点删除；对"非日常劳动知识与技能掌握情况"的考量应从个人长期专注的劳动和专门针对大学生的专业劳动两方面着手，具体处理情况如表 5-6 所示。

表 5-6 "劳动知识与技能"指标修改意见统计表

二级指标	三级指标	观测点	修改情况（依据第一次修改意见）
劳动知识与技能	日常劳动知识知晓度	T22 日常劳动工具识别能力 意见：保留	
		T23 劳动常识	
	日常劳动操作熟练度	T24 劳动安全知识认知情况 意见：劳动常识中也可以包括日常劳动安全知识部分	删除
		T25 家务劳动操作熟练度 意见：保留	
	非日常劳动知识与技能掌握情况	T26 其他劳动状况 意见：其他劳动涵盖范围广，不仅有日常的，还有专业的，建议圈定在日常范围内	其他日常劳动操作熟练度
		T27 复杂劳动知识与技能掌握情况 意见：复杂劳动主要有两种情况，一是个人长期专注的非日常劳动，二是针对大学生专业性质的劳动	个人长期专注的劳动知识与技能掌握情况 新增： 专业劳动知识与技能掌握情况（大学生）
	创新性劳动能力	T28 创新性广度	
		T29 创新性深度	

根据第一次问卷征询的专家意见，二级指标"劳动知识与技能"的 4 个三级指标和 8 个观测点中，删除了 1 个观测点，新增了 1 个观测点。

4. "劳动实践习惯"二级指标专家问卷及处理情况。"劳动实践"包含 3 个三级指标和 6 个观测点，表 5-7 为第一次专家问卷调查的数据统计分析结果。

表 5-7 "劳动实践习惯"指标问卷结果统计表

二级指标	三级指标	观测点	平均数	标准差	变异系数
	日常劳动实践参与情况	T30 种类	2.73	0.44	16.18%
		T31 频次	2.73	0.44	16.18%

二级指标	三级指标	观测点	平均数	标准差	变异系数
劳动实践习惯	服务性劳动实践参与情况	T32 种类	2.40	0.49	20.41%
		T33 频次	2.33	0.47	20.20%
	生产性劳动实践参与情况	T34 创新性强度	2.60	0.49	18.84%
		T35 频次	2.67	0.47	17.68%

"劳动知识与技能"指标的总体效果尚可，6个观测点的平均数为2.58，在合理范围之内；6个观测点的标准差为0.47，较为理想；6个观测点的变异系数为18.25%，也是在合理区间范围内。三级指标"服务性劳动实践（公益志愿活动）参与情况"下的两个观测点"种类"与"频次"的变异系数稍稍高于20%标准，主要原因在于语言表述不够精准。

根据新时代的发展要求和学生的实际情况，依据专家意见，把三级指标"服务性劳动实践参与情况"和"生产性劳动实践参与情况"进行了合理性完善，具体如表5-8所示。

表5-8   "劳动实践"指标修改意见统计表

二级指标	三级指标	观测点	修改情况（依据第一次修改意见）
劳动实践习惯	日常劳动实践参与情况	T30 种类	
		T31 频次	
	服务性劳动实践参与情况 意见：针对学生的服务性劳动更多体现在志愿服务方面	T32 种类	将该三级指标完善为：服务性劳动实践（公益志愿活动）参与情况
		T33 频次	
		T34 创新性强度	
	生产性劳动实践参与情况 意见：根据新时代发展对创新素养的要求，在生产性老师上应聚焦到学生的各种创新性活动上	T35 频次	将该三级指标完善为：生产性劳动实践（创新性活动）参与情况

根据第一次问卷征询的专家意见，二级指标"劳动实践习惯"的3个三

级指标和 6 个观测点中，对 2 个三级指标进行了完善。

（二）"教师劳动教育条件与能力"指标

根据理论研究初步构建的"教师劳动教育条件与能力"指标包含"教师劳动素养""劳动教育意识"和"劳动教育与教学能力"3 个二级指标。"教师劳动素养"包含 4 个三级指标，"劳动教育意识"包含 3 个三级指标，"劳动教育与教学能力"包含 5 个三级指标。12 项三级指标共包含 32 个观测点。

1. "教师劳动素养"二级指标专家问卷及处理情况。"教师劳动素养"包含 4 个三级指标和 15 个观测点，表 5-9 为第一次专家问卷调查的数据统计分析结果。

表 5-9 "教师劳动素养"指标问卷结果统计表

二级指标	三级指标	观测点	平均数	标准差	变异系数
教师劳动素养	劳动价值观	T36 劳动个人价值认知	2.73	0.44	16.18%
		T37 劳动社会价值认知	2.73	0.44	16.18%
		T38 劳动人类价值认知	2.53	0.62	24.40%
	劳动情感与品质	T39 劳动艰辛忍耐度	2.73	0.44	16.18%
		T40 劳动态度情况	1.87	0.81	43.15%
		T41 劳动热爱度与劳动幸福感状况	2.67	0.47	17.68%
		T42 诚实劳动品质等劳动道德状况	2.80	0.40	14.29%
	劳动知识与技能	T43 自主劳动意识状况	2.80	0.40	14.29%
		T44 日常劳动知识知晓度	2.80	0.40	14.29%
		T45 日常劳动操作熟练度	2.87	0.34	11.86%
		T46 教师职业知识与技能	2.60	0.49	18.84%
	劳动实践习惯	T47 教研科研创新能力	2.60	0.49	18.84%
		T48 日常个人劳动情况	2.87	0.34	11.86%
		T49 公益志愿活动情况	2.80	0.40	14.29%
		T50 生产（创新性）劳动情况	2.87	0.34	11.86%

"教师劳动素养"指标的总体效果尚可，15 个观测点的平均数为 2.68，在合理范围之内；15 个观测点的标准差为 0.45，较为理想；15 个观测点的变异系数为 17.61%，也是在合理区间范围内。观测点"劳动人类价值认知"和"劳动态度情况"的变异系数高于 20% 标准，说明专家认可的一致性较差。

根据新时代劳动教育对教师的要求以及逻辑一致性原则，依据专家意见，对三级指标"劳情感与品质"进行了调整，对观测点"劳动态度情况"进行删除处理，具体如表 5-10 所示。

表 5-10　"教师劳动素养"指标修改意见统计表

二级指标	三级指标	观测点	修改情况（依据第一次修改意见）
教师劳动素养	劳动价值观	T36 劳动个人价值认知	劳动人类价值认知
	劳动情感与品质 意见：和学生劳动情感与品质的逻辑架构应该保持一致	T37 劳动社会价值认知	
		T38 教师劳动价值认知	
		意见：劳动价值观三个层面还是应该从个人、社会、人类三方面具体展开	
		T39 劳动艰辛忍耐度	调整后 5 个观测点为：T39 劳动喜爱度 T40 劳动崇敬度 T41 劳动专注度 T42 劳动忍耐度 T43 劳动诚实度
		T40 劳动态度认真度	
		T41 劳动热爱度与劳动幸福感状况	
		T42 诚实劳动品质等劳动道德状况	
		T43 自主劳动意识状况	
	劳动知识与技能	T44 日常劳动知识知晓度	教师教育教学基本知识与技能（教研、科研除外）
		T45 日常劳动操作熟练度	
		T46 教师职业知识与技能	
		意见：教师职业知识与技能在概念上对教研科研能力有涵盖，应缩小范围	
	劳动实践习惯	T47 教研科研创新能力	
		T48 日常个人劳动情况	

二级指标	三级指标	观测点	修改情况（依据第一次修改意见）
教师劳动素养	劳动实践习惯	T49 服务劳动实践情况	生产（教学科研等）劳动实践情况
		T50 生产（创新性）劳动情况	
		意见：创新性劳动在教师职业上有自己的体现，即教研科研实践情况	

根据第一次问卷征询的专家意见，二级指标"教师劳动素养"的3个三级指标和15个观测点中，对8个观测点进行了完善。

2. "劳动教育意识"二级指标专家问卷及处理情况。"劳动教育意识"包含3个三级指标和6个观测点，表5-11为第一次专家问卷调查的数据统计分析结果。

表5-11 "劳动教育意识"指标问卷结果统计表

二级指标	三级指标	观测点	平均数	标准差	变异系数
劳动教育意识	"五育"并举政策认可度	T51 "劳育"地位认可度	2.93	0.25	8.50%
		T52 "劳育"与德智体美教育的关系认知	2.80	0.40	14.29%
	学生劳动素养的价值认知	T53 学生劳动素养识别能力	2.87	0.34	11.86%
		T54 学生劳动素养重要性认知	2.87	0.34	11.86%
	开展劳动教育的主动性	T55 现实紧迫性感知	2.80	0.40	14.29%
		T56 情感驱动表现	2.93	0.25	8.50%

"劳动教育意识"指标的总体效果尚可，6个观测点的平均数为2.87，在合理范围之内；6个观测点的标准差为0.33，较为理想；6个观测点的变异系数为11.54%，也是在合理区间范围内。

虽然各观测点的数据表现良好，但专家认为将"五育并举政策认可度"作为三级指标，范围有所狭小，应提高到"劳育地位认可度"，"劳育地位认可度"里面包含有"五育"并举政策认可度和"劳育与德智体美教育的关系认知情况"对三级指标"劳情感与品质"进行了调整，具体如表5-12所示。

表5-12 "劳动教育意识"指标修改意见统计表

二级指标	三级指标	观测点	修改情况（依据第一次修改意见）
劳动教育意识	"五育"并举政策认可度	T51"劳育"地位认可度	整体调整
	意见：三级指标用劳育地位认可度涵盖的内容要丰富合理一些。 学生劳动素养的价值认知	T52"劳育"与德智体美教育的关系认知情况	
	开展劳动教育的主动性	T53 学生劳动素养识别能力	学生劳动素养识别意识
	调整情况："劳育"地位认可度	意见：此二级指标主要指向为意识，学生劳动素养识别能力应归为教育技能范畴。	
		T54 学生劳动素养重要性认知	
		T55 现实紧迫性感知	
		T56 情感驱动表现	
		T51"五育"并举政策认可度	
		T52"劳育"与德智体美教育的关系认知情况	

根据第一次问卷征询的专家意见，二级指标"劳动教育意识"的3个三级指标和6个观测点中，对1个三级指标进行了调整，对2个观测点进行了完善。

3. "劳动教育教学能力"二级指标专家问卷及处理情况。"劳动教育教学能力"包含5个三级指标和11个观测点，表5-13为第一次专家问卷调查的数据统计分析结果。

表5-13 "劳动教育与教学能力"指标问卷结果统计表

二级指标	三级指标	观测点	平均数	标准差	变异系数
劳动教育与教学能力	劳动教育知识认知情况	T57 知识的广度	2.87	0.34	11.86%
	劳动教育技能掌握情况	T58 知识的深度	2.87	0.34	11.86%
		T59 劳动教育技能知晓情况	2.80	0.40	14.29%
		T60 劳动教育技能运用能力	2.73	0.44	16.18%
	劳动教育目标认知情况	T61 目标认知完整度	2.73	0.44	16.18%
	劳动教育的教学能力	T62 目标认知清晰度	2.67	0.47	17.68%
		T63 教学设计能力	2.80	0.40	14.29%
		T64 教学组织能力	2.80	0.40	14.29%
	在其他教育中融入劳动教育的情况	T65 教学评价能力	2.73	0.44	16.18%
		T66 非劳动教育中融入劳动教育的次数	2.73	0.44	16.18%
		T67 非劳动教育中融入劳动教育的效果	2.67	0.47	17.68%

"劳动教育与教学能力"指标的总体效果尚可，11个观测点的平均数为2.76，在合理范围之内；11个观测点的标准差为0.42，较为理想；11个观测点的变异系数为15.15%，也是在合理区间范围内。

二级指标"劳动教育与教学能力"下11个观测点的变异系数都在20%以下，部分三级指标与观测点表述不够严谨，进行了调整，具体如表5-14所示。

根据第一次问卷征询的专家意见，二级指标"劳动教育与教学能力"的5个三级指标和11个观测点中，对2个三级指标进行了调整，对6个观测点进行了完善，对1个三级指标及其2个观测点进行了删除。

表 5-14 "劳动教育与教学能力"指标修改意见统计表

二级指标	三级指标	观测点	修改情况（依据第一次修改意见）
劳动教育与教学能力 意见：劳动教育与劳动教学在概念外延上有交叉，因此在实际运用中，劳动教育能力要把劳动课程的教学能力排除在外	劳动教育知识认知情况 意见：劳动教育知识范围较广，就包括了"劳动教育意识"中的相关部分，建议这里定义为"劳动教育专业知识"	T57 知识的广度	劳动教育专业知识的广度
		T58 知识的深度	劳动教育专业知识的深度
	劳动教育技能掌握情况	T59 劳动教育技能知晓情况 意见：语言表述欠规范	劳动教育技能储备情况
	劳动教育目标认知情况	T60 劳动教育技能运用能力	
		T61 目标认知完整度	
		T62 目标认知清晰度	
	劳动教育的教学能力 意见：为了更好区别，改为"劳动教育的课堂教学能力"	T63 教学设计能力	课堂教学设计能力
		T64 教学组织能力	课堂教学组织能力
		T65 教学评价能力	课堂教学评价能力
	在其他教育中融入劳动教育情况 意见：此指标指的是劳动教育的实践层面，应归到第三个一级指标下	T66 非劳动教育中融入劳动教育的次数	删除
		T67 非劳动教育中融入劳动教育的效果	删除

（三）"学校劳动教育条件保障与实践"指标

根据理论研究初步构建的"学校劳动教育条件保障与实践"指标包含"认识层面""保障层面"和"实践层面"3个二级指标。"认识层面"包含3个三级指标，"保障层面"包含3个三级指标，"实践层面"包含3个三级指标。9项三级指标共包含34个观测点。

1. "认识层面"二级指标专家问卷及处理情况。"认识层面"包含3个三级指标和5个观测点，表5-15为第一次专家问卷调查的数据统计分析结果。

表 5-15　"认识层面"指标问卷结果统计表

二级指标	三级指标	观测点	平均数	标准差	变异系数
认识层面	办学思想	T68 办学思想中对劳动教育的关照度	2.73	0.44	16.18%
	领导认识	T69 学校领导层对劳动教育重要性认识	2.73	0.44	16.18%
	其他教育工作者整体认识	T70 学校领导层对劳动教育重要性重视度	2.73	0.44	16.18%
		T71 其他教育工作者对劳动教育的认知度	2.60	0.61	23.50%
		T72 其他教育工作者对劳动教育的重视度	2.40	0.61	25.46%

　　二级指标"认识层面"的总体效果尚可，5 个观测点的平均数为 2.64，在合理范围之内；5 个观测点的标准差为 0.51，较为理想；5 个观测点的变异系数为 19.50%，相对较高，但也在合理区间范围内。其中观测点"其他教育工作者对劳动教育的认知度"和"其他教育工作者对劳动教育的重视度"变异系数超过 20%，分别为 23.50% 和 25.46%。

　　部分专家认为二级指标"认识层面"下的 3 个三级指标设计不够严谨，有 2 对（4 个）观测点在区分度上不明显，有 1 个观测点表述不够严谨，对此进行了调整，具体如表 5-16 所示。

表 5-16　"认识层面"指标修改意见统计表

二级指标	三级指标	观测点	修改情况（依据第一次修改意见）
认识层面	办学思想	T68 办学思想中对劳动教育的关照度 意见：有些学校的办学思想不一定凝练得明确，这就需要在相关重要文件制度中去考量	办学指导思想（学校重要制度文件）
	领导认识		
	其他教育工作者整体认识 意见：3 个三级指标在逻辑上不够严谨，其他教育工作者包括教师，教师的劳动教育认知评价在第二个一级指标中有考量，建议调整	T69 学校领导层对劳动教育重要性认识	
		T70 学校领导层对劳动教育重要性重视度 意见：重要性认识和重视度某种程度上是一回事，可以将 T69 和 T70 合为一个观测点	

续表

二级指标	三级指标	观测点	修改情况（依据第一次修改意见）
认识层面	整体调整：	T71 其他教育工作者对劳动教育的认知度	
		T72 其他教育工作者对劳动教育的重视度 意见：同上，将T71和T72合为一个观测点	
	办学思想	T68 办学指导思想（学校重要制度文件）中对劳动教育的关照度	
	管理人员的认识	T69 领导层对劳动教育重要性的认知与重视情况	
		T70 其他管理者对劳动教育重要性的认知与重视情况	

　　根据第一次问卷征询的专家意见，二级指标"认识层面"的5个三级指标和5个观测点中，对3个三级指标进行了整体调整，修改为2个三级指标，对5个观测点也进行了相应整理和完善，修改后变为3个观测点。

　　2."保障层面"二级指标专家问卷及处理情况。"保障层面"包含3个三级指标和11个观测点，表5-17为第一次专家问卷调查的数据统计分析结果。

表5-17　"保障层面"指标问卷结果统计表

二级指标	三级指标	观测点	平均数	标准差	变异系数
保障层面	物质保障	T73 劳动教育资金投入情况	2.67	0.47	17.68%
		T74 劳动教育基础设施情况	2.73	0.44	16.18%
		T75 劳动教育师资配备情况	2.67	0.47	17.68%
		T76 劳动教育场地情况	2.53	0.62	24.40%
	制度保障	T77 学校有关劳动教育的直接制度数量	2.73	0.44	16.18%
		T78 涉及劳动教育的间接制度数量	2.47	0.62	25.06%
		T79 劳动教育评价、考核与督导制度	2.67	0.60	22.36%
		T80 制度联动性与一贯性	2.47	0.62	25.06%

二级指标	三级指标	观测点	平均数	标准差	变异系数
保障层面	文化保障	T81 劳动教育运行机制顺畅度与资源整合度	2.87	0.50	17.40%
		T82 校园劳动文化	2.67	0.47	17.68%
		T83 校园劳动教育文化	2.73	0.44	16.18%

二级指标"保障层面"的总体效果尚可，11 个观测点的平均数为 2.66，在合理范围之内；11 个观测点的标准差为 0.52，较为理想；11 个观测点的变异系数为 19.62%，相对较高，但也是在合理区间范围内。其中观测点"劳动教育场地情况""涉及劳动教育的间接制度数量""劳动教育评价、考核与督导制度"和"制度联动性与一贯性"变异系数超过 20%，分别为 24.40%、25.06%、22.36% 和 25.06%。

专家认为二级指标"保障层面"下的 5 个观测点在不合理，对此进行了调整，具体如表 5-18 所示。

表 5-18　"保障层面"指标修改意见统计表

二级指标	三级指标	观测点	修改情况（依据第一次修改意见）
保障层面	物质保障	T73 劳动教育资金投入情况	劳动教育实践基地建设情况
		T74 劳动教育基础设施情况	
		T75 劳动教育师资配备情况	
		T76 劳动教育场地情况 意见：劳动教育场地概念的区分度不够明显，应从实践基地建设考量	
	制度保障	T77 学校有关劳动教育的直接制度数量	学校有关劳动教育的制度建设情况
		T78 涉及劳动教育的间接制度数量 意见：T78 观测点和 T77 观测点再做区分的必要性不大，且在实际考量时难度大。建议合并此两项观测点	

二级指标	三级指标	观测点	修改情况（依据第一次修改意见）
保障层面	制度保障	T79 劳动教育评价、考核与督导制度 意见：教育评价、考核与督导制度应包含在 T77 观测点，此处多余	删除
	文化保障	T80 制度联动性与一贯性 意见：建议改成科学性与系统性	制度的科学性与系统性
		T81 劳动教育运行机制顺畅度与资源整合度 意见：此观测点是从劳动教育实践角度考量的，建议整合到二级指标实践保障下	
		T82 校园劳动文化	
		T83 校园劳动教育文化	

根据第一次问卷征询的专家意见，二级指标"保障层面"的 3 个三级指标和 11 个观测点中，对 2 个观测点进行了整合，对 1 个观测点进行了删除，对 1 个观测点进行整理和完善。

3. "实践层面"二级指标专家问卷及处理情况。"实践层面"包含 3 个三级指标和 18 个观测点，表 5-19 为第一次专家问卷调查的数据统计分析结果。

表 5-19　"实践层面"指标问卷结果统计表

二级指标	三级指标	观测点	平均数	标准差	变异系数
实践层面	劳动课程	T84 劳动教育课开展状况	2.87	0.34	11.86%
	活动（非课程）	T85 劳动教育教材建设状况	2.67	0.47	17.68%
		T86 劳动教育课程受欢迎度	2.80	0.40	14.29%
		T87 劳动教育课程的考核情况	2.80	0.40	14.29%
		T88 劳动教育课程的备课、研究情况	2.67	0.47	17.68%
		T89 其他课程中融入劳动教育情况	2.60	0.61	23.50%

续表

二级指标	三级指标	观测点	平均数	标准差	变异系数
实践层面	活动（非课程）	T90 思想政治教育融入劳动教育情况	2.73	0.44	16.18%
		T91 全年开展劳动主题的活动频次	3.00	0.00	0.00%
		T92 全年开展课外劳动体验活动的频次	2.33	0.79	33.81%
		T93 全年开展课外志愿服务活动频次	2.07	0.68	32.90%
		T94 全年开展动手创新活动频次	2.73	0.44	16.18%
		T95 主要针对劳动价值观、劳动情感品质与道德的教育活动频次	2.80	0.40	14.29%
	特色工作	T96 劳动教育活动的目标的清晰度与完整度	2.73	0.44	16.18%
		T97 校园其他文化活动中融入劳动教育情况	2.60	0.61	23.50%
		T98 劳动教育与学校、专业等特色结合情况	2.53	0.62	24.40%
		T99 劳动教育与新技术、新载体相结合情况	2.73	0.44	16.18%
		T100 劳动教育科研、教研及运用情况	2.87	0.34	11.86%
		T101 劳动教育成果应用推广情况	2.73	0.44	16.18%

　　二级指标"实践层面"的总体效果尚可，18 个观测点的平均数为 2.68，在合理范围之内；18 个观测点的标准差为 0.46，较为理想；18 个观测点的变异系数为 17.83%，相对较高，但也是在合理区间范围内。其中观测点"其他课程中融入劳动教育情况""全年开展课外劳动体验活动的频次""全年开展课外志愿服务活动频次"和"校园其他文化活动中融入劳动教育情况"变异系数超过 20%，分别为 23.50%、33.81%、32.90% 和 23.50%。

　　专家认为三级指标"劳动课程"下的 7 个观测点不合理，三级指标"活动（非课程）"下的 7 个观测点不合理，对此进行了整体调整，并指出了个别观测点的不合理性，具体如表 5-20 所示。

表 5-20 "实践层面"指标修改意见统计表

二级指标	三级指标	观测点	修改情况（依据第一次修改意见）
实践层面	劳动课程	T84 劳动教育课开展状况 意见：此观测点过于笼统，指向性不强	劳动教育课（包括实践课）开设与考核情况
	活动（非课程）	T85 劳动教育教材建设状况 意见：大部分学校的劳动教材仅局限在使用层面上	劳动教育教材使用与建设情况
		T86 劳动教育课程受欢迎度	
		T87 劳动教育课程的考核情况 意见：此观测点可以整合到 T84	删除
		T88 劳动教育课程的备课、研究情况 意见：此观测点应该包含在观测点 T84 内	删除
		T89 其他课程中融入劳动教育情况 意见：逻辑上与 T90 并列不严谨	其他课程（思政课除外）中融入劳动教育情况
		T90 思想政治教育融入劳动教育情况	
		T91 全年开展劳动主题的活动频次 意见：表述不严谨	开展劳动主题的活动频次
		T92 全年开展课外劳动体验活动的频次	
		T93 全年开展课外志愿服务活动频次	
		T94 全年开展动手创新活动频次	
	特色工作	T95 主要针对劳动价值观、劳动情感品质与道德的教育活动频次 意见：T92、T93、T94、T95 等观测点之间逻辑不严谨，应重新设计	整合为：开展劳动主题活动的类别情况
		T96 劳动教育活动的目标的清晰度与完整度	
		T97 校园其他文化活动中融入劳动教育情况	

二级指标	三级指标	观测点	修改情况（依据第一次修改意见）
实践层面	特色工作	T98 劳动教育与学校、专业等特色结合情况	劳动教育成果宣传与应用推广情况
		T99 劳动教育与新技术、新载体相结合情况	
		T100 劳动教育科研、教研及运用情况	
		T101 劳动教育成果应用推广情况 意见：还应包括宣传情况	

根据第一次问卷征询的专家意见，二级指标"实践层面"的3个三级指标和18个观测点中，对4个观测点进行了整合，对2个观测点进行了删除，对5个观测点进行整理和完善。

四、第一轮专家意见综合分析

（一）专家意见的集中性分析

平均数代表数据的集中趋势，也表明了专家意见的集中度；标准差则代表着数据的离散程度。通过对第一次专家意见咨询调查问卷平均数和标准差统计分析可知，指标平均数的总平均值为2.63、指标标准差的总平均值为0.46（见表5-21），这表明专家的意见比较集中。

表 5-21 指标平均数、标准差的平均值统计表

二级指标	劳动价值观	劳动情感与品质	劳动知识与技能	劳动实践习惯	教师劳动素养	劳动教育意识	劳动教育教学能力	认识层面	保障层面	实践层面
平均数	2.52	2.60	2.35	2.58	2.68	2.87	2.77	2.64	2.65	2.68
标准差	0.50	0.51	0.47	0.46	0.45	0.33	0.41	0.51	0.52	0.46

（二）专家意见的一致性分析

变异系数是一组数据的标准差与相应的均值之间的比值，代表着专家对指标评价意见的协调程度，从一定程度上反映了专家意见的一致性。由表5-22中数据可得，各二级指标变异系数的总平均值为18.11%，小于20%，表

明专家意见的一致性较高。

表 5-22 指标变异系数的平均值统计表

二级指标	劳动价值观	劳动情感与品质	劳动知识与技能	劳动实践习惯	教师劳动素养	劳动教育意识	劳动教育教学能力	认识层面	保障层面	实践层面
变异系数	20.33%	19.92%	21.52%	18.25%	17.61%	11.54%	15.01%	19.50%	19.62%	17.83%

（三）综合结论

通过对第一次专家意见咨询问卷数据的分析，不难得出专家们对于指标体系总体比较认同的结论。因此，评价指标体系的总体框架可以基本不变，仅有个别三级指标需要变动调整。专家对观测点部分提出较多修改意见和建议，这对指标体系的修改和完善具有重要指导价值。

（四）基于第一次专家咨询修订的新时代大中小学劳动教育评价指标体系

表 5-23 新时代大中小学劳动教育评价指标体系

一级指标	二级指标	三级指标	观测点
学生劳动素养	劳动价值观	劳动的个人价值认知	T1 人生观 T2 人的实践存在本质认知 T3 知恩感恩意识
		劳动的社会价值认知	T4 价值观 T5 人的社会属性本质认知 T6 责任担当意识
		劳动的人类价值认知	T7 世界观 T8 人类社会发展根本动力认知 T9 创新创业意识
	劳动情感与品质	劳动喜爱度	T10 劳动接受情况（正反两个向度） T11 劳动获得感情况 T12 劳动美体验情况
		劳动崇敬度	T13 尊重劳动者情况 T14 尊重劳动成果情况
		劳动专注度	T15 劳动的细致性品质 T16 劳动主观能动性的发挥程度 T17 成就劳动目标欲望的强度
		劳动忍耐度	T18 劳动艰辛忍耐的强度 T19 劳动艰辛忍耐的时间长度

续表

一级指标	二级指标	三级指标	观测点
学生劳动素养		劳动诚实度	T20 劳动的诚实品质 T21 享用别人劳动成果时的诚信态度
	劳动知识与技能	日常劳动知识知晓度	T22 日常劳动工具识别能力 T23 劳动常识
		日常劳动操作熟练度	T24 家务劳动操作熟练度 T25 其他日常劳动操作熟练度
		非日常劳动知识与技能掌握情况	T26 个人长期专注的劳动知识与技能掌握情况 T27 专业劳动知识与技能掌握情况（大学生）
	劳动实践习惯	创新性劳动能力	T28 创新性广度 T29 深度
		日常劳动实践参与情况	T30 种类 T31 频次
		服务性劳动实践（公益志愿活动）参与情况	T32 种类 T33 频次
		生产性劳动实践（创新性活动）参与情况	T34 创新性强度 T35 频次
教师劳动教育条件与能力	教师劳动素养	劳动价值观	T36 劳动个人价值认知 T37 劳动社会价值认知 T38 劳动人类价值认知
		劳动情感与品质	T39 喜爱度 T40 崇敬度 T41 专注度（创新劳动） T42 忍耐度（艰辛劳动） T43 诚实度（诚实劳动）
		劳动知识与技能	T44 日常劳动知识知晓度 T45 日常劳动操作熟练度 T46 教师教育教学基本知识与技能（教研、科研除外） T47 教研科研创新能力
		劳动实践习惯	T48 日常劳动实践情况 T49 服务劳动实践情况 T50 生产（教学科研等）劳动实践情况

一级指标	二级指标	三级指标	观测点
教师劳动教育条件与能力	劳动教育意识	"劳育"地位认知情况	T51 "五育"并举政策了解情况 T52 "劳育"与德智体美等教育关系认知情况
		学生劳动素养的价值认知	T53 学生劳动素养识别意识 T54 学生劳动素养重要性认知
		开展劳动教育的主动性	T55 现实紧迫性感知 T56 情感驱动表现
	劳动教育与教学能力	劳动教育知识认知情况	T57 劳动教育专业知识的广度 T58 劳动教育专业知识的深度
		劳动教育技能掌握情况	T59 劳动教育技能储备情况 T60 劳动教育技能运用能力
		劳动教育目标认知情况	T61 目标认知完整度 T62 目标认知清晰度
		劳动教育的教学能力	T63 课堂教学设计能力 T64 课堂教学组织能力 T65 课堂教学评价能力
学校劳动教育条件保障与实践	认识层面	办学思想	T66 办学指导思想（学校重要制度文件）中对劳动教育的关照度
		管理人员的认识	T67 领导层对劳动教育重要性的认知与重视情况 T68 其他管理者对劳动教育重要性的认知与重视情况
	保障层面	物质保障	T69 劳动教育资金投入情况 T70 劳动教育基础设施情况 T71 劳动教育师资配备情况 T72 劳动教育实践基地情况
		制度保障	T73 有关劳动教育的制度数量 T74 劳动教育考核、评价与督导相关制度建设情况 T75 制度联动性与一贯性 T76 劳动教育运行机制顺畅度与资源整合度
		文化保障	T77 校园劳动文化 T78 校园劳动教育文化

续表

一级指标	二级指标	三级指标	观测点
学校劳动教育条件保障与实践	实践层面	劳动课程	T79 劳动教育课（包括实践课）开设与考核情况 T80 劳动教育教材使用与建设情况 T81 生对课程的欢迎度 T82 其他课程（思政课除外）中融入劳动教育情况 T83 思政治课融入劳动教育情况
		活动（非课程）	T84 开展劳动主题活动的频次 T85 开展劳动主题活动的类别 T86 劳动主题活动目标的清晰度与完整度 T87 校园其他文化活动中融入劳动教育情况
		特色工作	T88 将劳动教育与学校、专业等特色结合情况 T89 将劳动教育与新技术、新载体相结合情况 T90 劳动教育科研、教研及运用情况 T91 劳动教育成果推广宣传情况

第四节　第二轮专家意见统计与分析

一、问卷回收情况

在第一次专家选取基础上，向 15 位专家发放第二次专家意见咨询问卷，共发放 15 份调查问卷，其中包括纸质版、电子版调查问卷，共收 15 份，问卷回收率为 100%。

二、各指标、观测点统计结果与意见分析

根据第二次专家咨询问卷结果分析，共修改 16 个观测点，具体情况分析如下。

（一）"学生劳动素养"指标

经过第一次专家咨询修改后的"学生劳动素养"一级评价指标包含"劳动价值观""劳动情感与品质""劳动知识与技能""劳动实践习惯"4项二级指标，"劳动价值观"包含3项三级指标，"劳动情感与品质"包含5项三级指标，"劳动知识与技能"包含4项三级指标，"劳动实践习惯"包含3项三级指标，整个一级指标"学生劳动素养"共包含15项三级指标，35个观测点。

根据表5-24、表5-25、表5-26和表5-27的结果统计可知，"学生劳动素养"一级指标下所有评分标准的平均分、标准差、变异系数的平均值分别为4.63（五级量表）、0.51、11.2%，平均数、标准差、变异系数的数值都处于合理范围之内，专家对于"学生劳动素养"一级指标下的各级指标以及观测点的认同度、一致性较高。

表5-24　"劳动价值观"指标问卷结果统计表

二级指标	三级指标	观测点	平均数	标准差	变异系数	修改情况
劳动价值观	劳动的个人价值认知	T1 人生观 意见：过宽泛，要集中到对劳美丽的感知度	4.87	0.34	7.00%	劳动光荣与动光荣与美丽的感知状况
		T2 人的实践存在本质认知	4.40	0.80	18.18%	保留
	劳动的社会价值认知	T3 知恩感恩意识	4.60	0.80	17.39%	保留
		T4 价值观 意见：过宽泛，要集中到对劳动崇高的感知状况	4.67	0.47	10.06%	劳动崇高的感知度
		T5 人的社会属性本质认知	4.67	0.47	10.06%	保留
	劳动的人类价值认知	T6 责任担当意识	4.73	0.44	9.30%	保留
		T7 世界观 意见：过宽泛，要集中到对劳动伟大的感知状况	4.73	0.44	9.30%	劳动伟大的感知度

二级指标	三级指标	观测点	平均数	标准差	变异系数	修改情况
劳动价值观	劳动的人类价值认知	T8 人类社会发展根本动力认知	4.40	0.49	11.14%	保留
		T9 创新创业意识	4.73	0.44	9.30%	保留

表 5-25　"劳动情感与品质"指标问卷结果统计表

二级指标	三级指标	观测点	平均数	标准差	变异系数	修改情况
劳动情感与品质	劳动喜爱度	T10 劳动接受情况（正反两个向度）	4.73	0.44	9.30%	保留
		T11 劳动获得感情况	4.47	0.81	18.12%	保留
	劳动崇敬度	T12 劳动美体验情况	4.73	0.44	9.30%	保留
		T13 尊重劳动者情况	4.47	0.81	18.12%	保留
		T14 尊重劳动成果情况	4.33	0.79	18.24%	保留
	劳动专注度	T15 劳动的细致性品质	4.67	0.47	10.06%	保留
		T16 劳动主观能动性的发挥程度 意见：主观能动性过于抽象应该指向注意力集中度	4.87	0.34	7.00%	劳动注意力集中度
	劳动忍耐度	T17 成就劳动目标欲望的强度	4.80	0.40	8.33%	保留
		T18 劳动艰辛忍耐的强度	4.80	0.40	8.33%	保留
	劳动诚实度	T19 劳动艰辛忍耐的时间长度	4.80	0.40	8.33%	保留
		T20 劳动的诚实品质	4.73	0.44	9.30%	保留
		T21 享用别人劳动成果时的诚信态度	4.27	0.77	18.03%	保留

表 5-26　"劳动知识与技能"指标问卷结果统计表

二级指标	三级指标	观测点	平均数	标准差	变异系数	修改情况
劳动知识与技能	日常劳动知识知晓度	T22 日常劳动工具识别能力	4.33	0.47	10.85%	保留
		T23 劳动常识 意见：T22 与 T23 有交叉	4.67	0.47	10.06%	其他劳动常识
	日常劳动操作熟练度	T24 家务劳动操作熟练度	4.73	0.44	9.30%	保留
		T25 其他日常劳动操作熟练度	4.73	0.44	9.30%	保留
	非日常劳动知识与技能掌握情况	T26 个人长期专注的劳动知识与技能掌握情况	4.40	0.49	11.14%	保留
		T27 专业劳动知识与技能掌握情况（大学生）	4.33	0.47	10.85%	保留
	创新性劳动能力	T28 广度	4.60	0.49	10.65%	保留
		T29 深度	4.67	0.47	10.06%	保留

表 5-27　"劳动实践"指标问卷结果统计表

二级指标	三级指标	观测点	平均数	标准差	变异系数	修改情况
劳动实践习惯	日常劳动实践参与情况	T30 种类	4.73	0.44	9.30%	保留
		T31 频次	4.67	0.47	10.06%	保留
	服务性劳动实践参与情况	T32 种类	4.47	0.81	18.12%	保留
		T33 频次	4.73	0.44	9.30%	保留
	生产性劳动实践参与情况	T34 强度	4.67	0.47	10.06%	保留
		T35 频次	4.80	0.40	8.33%	保留

（二）"教师劳动教育条件与能力"指标

"教师劳动教育条件与能力"一级评价指标包含"教师劳动素养""教师劳动教育意识""教师劳动教育与教学能力"3 项二级指标，"教师劳动素养"包含 4 项三级指标，"教师劳动教育意识"包含 3 项三级指标，"教师劳动教育与教学能力"包含 4 项三级指标，整个一级指标"教师劳动教育条件与能力"共包含 11 项三级指标，30 个观测点。

根据表 5-28、表 5-29 和表 5-30 的结果统计可知，"教师劳动教育条件与能力"一级指标下所有评分标准的平均分、标准差、变异系数的平均值分别为 4.71（五级量表）、0.47、10.0%，平均数、标准差、变异系数的数值都处于合理范围之内，专家对于"教师劳动教育条件与能力"一级指标下的各级指标以及观测点的认同度、一致性较高。

表 5-28 "教师劳动素养"指标问卷结果统计表

二级指标	三级指标	观测点	平均数	标准差	变异系数	修改情况
教师劳动素养	劳动价值观	T36 劳动个人价值认知	4.80	0.40	8.33%	保留
		T37 劳动社会价值认知	4.80	0.40	8.33%	保留
		T38 劳动人类价值认知	4.87	0.34	7.00%	保留
	劳动情感与品质	T39 喜爱度	4.60	0.49	10.65%	保留
		T40 崇敬度	4.60	0.49	10.65%	保留
		T41 专注度（创新劳动）意见：就专注度，创新劳动指向不集中、不需要。T42、T43 同	4.87	0.34	7.00%	专注度
	劳动知识与技能	T42 忍耐度（艰辛劳动）	4.93	0.25	5.07%	忍耐度
		T43 诚实度（诚实劳动）	4.87	0.34	7.00%	诚实度
		T44 日常劳动知识知晓度	4.87	0.34	7.00%	保留
		T45 日常劳动操作熟练度	4.80	0.40	8.33%	保留
		T46 教育教学基本知识与技能（教研、科研除外）	4.73	0.44	9.30%	保留
	劳动实践习惯	T47 教研科研创新能力意见：范围小了	4.73	0.44	9.30%	教科研等创新能力
		T48 日常劳动实践情况	4.67	0.47	10.06%	保留
		T49 服务劳动实践情况	4.73	0.44	9.30%	保留
		T50 生产（教学科研等）劳动实践情况	4.73	0.44	9.30%	保留

表5-29 "教师劳动教育意识"指标问卷结果统计表

二级指标	三级指标	观测点	平均数	标准差	变异系数	修改情况
劳动教育意识	"劳育"地位认知情况	T51"五育"并举政策了解情况	4.80	0.40	8.33%	保留
		T52"劳育"与德智体美等教育关系认知情况	4.80	0.40	8.33%	保留
	学生劳动素养的价值认知	T53 学生劳动素养识别意识	4.73	0.44	9.30%	保留
		T54 学生劳动素养重要性认知	4.73	0.44	9.30%	保留
	开展劳动教育的主动性	T55 现实紧迫性感知	4.73	0.44	9.30%	保留
		T56 情感驱动表现	4.73	0.44	9.30%	保留

表5-30 "教师劳动教育与教学能力"指标问卷结果统计表

二级指标	三级指标	观测点	平均数	标准差	变异系数	修改情况
劳动教育与教学能力	劳动教育专业知识认知情况	T57 知识的广度	4.56	0.81	17.89%	保留
		T58 知识的深度	4.33	0.79	18.24%	保留
	劳动教育技能掌握情况	T59 劳动教育技能储备情况	4.67	0.47	10.06%	保留
		T60 劳动教育技能运用能力	4.73	0.44	9.30%	保留
	劳动教育目标认知情况	T61 目标认知完整度	4.67	0.47	10.06%	保留
		T62 目标认知清晰度	4.47	0.81	18.12%	保留
	劳动教育的教学能力	T63 教学设计能力	4.73	0.44	9.30%	保留
		T64 教学组织能力	4.73	0.44	9.30%	保留
		T65 教学评价能力	4.40	0.80	18.18%	保留

（三）"学校劳动教育条件保障与实践"指标

"学校劳动教育条件保障与实践"一级评价指标包含"认识层面""保障层面""实践层面"3项二级指标，"认识层面"包含2项三级指标，"保障层面"包含 3 项三级指标,"实践层面"包含 3 项三级指标,整个一级指标"学校劳动教育条件保障与实践"共包含 8 项三级指标,26 个观测点。

根据表 5-31、表 5-32 和表 5-33 的结果统计可知,"学校劳动教育条件保障与实践"一级指标下所有评分标准的平均分、标准差、变异系数的平均值分别为 4.73(五级量表)、0.50、10.6%,平均数、标准差、变异系数的数值都处于合理范围之内,专家对于"学校劳动教育条件保障与实践"一级指标下的各级指标以及观测点的认同度、一致性较高。

表 5-31 "认识层面"指标问卷结果统计表

二级指标	三级指标	观测点	平均数	标准差	变异系数	修改情况
认识层面	办学思想	T66 办学指导思想(学校重要制度文件)中对劳动教育的关照度	4.60	0.80	17.39%	保留
	管理人员的认识	T67 领导层对劳动教育重要性的认知与重视情况 意见:表述不精练,下同。	4.40	0.80	18.18%	领导层对劳动教育重要性的认知情况
		T68 其他管理者对劳动教育重要性的认知与重视情况	4.80	0.75	15.63	其他管理者对劳动教育重要性的认知情况

表 5-32 "保障层面"指标问卷结果统计表

二级指标	三级指标	观测点	平均数	标准差	变异系数	修改情况
保障层面	物质保障	T69 劳动教育资金投入情况	4.67	0.47	10.06%	保留
	制度保障	T70 劳动教育基础设施情况	4.73	0.44	9.30%	保留
		T71 劳动教育师资配备情况	4.87	0.34	7.00%	保留
		T72 劳动教育实践基地情况	4.67	0.47	10.06%	保留
		T73 有关劳动教育的制度数量	4.73	0.44	9.30%	保留

续表

二级指标	三级指标	观测点	平均数	标准差	变异系数	修改情况
保障层面	文化保障	T74 劳动教育考核、评价与督导相关制度建设情况	4.80	0.40	8.33%	保留
		T75 制度联动性与一贯性	4.67	0.47	10.06%	保留
		T76 劳动教育运行机制顺畅度与资源整合度	4.53	0.81	17.88%	保留
		T77 校园劳动文化	4.73	0.44	9.30%	保留
		T78 校园劳动教育文化	4.73	0.44	9.30%	保留

表5-33　"实践层面"指标问卷结果统计表

二级指标	三级指标	观测点	平均数	标准差	变异系数	修改情况
实践层面	劳动课程	T79 劳动教育课程（包括实践课）开设与考核情况	4.73	0.57	12.05%	保留
		T80 劳动教育教材使用与建设情况	4.80	0.40	8.33%	保留
		T81 学生对课程的欢迎度	4.53	0.81	17.88%	保留
		T82 其他课程（思政课除外）中融入劳动教育情况 意见：逻辑关系颠倒了。同T83	4.47	0.81	18.12%	劳动教育融入其他课程（思政课除外）情况
		T83 思政治课融入劳动教育情况	4.73	0.44	9.30%	劳动教育融入思政课情况
	活动（非课程）	T84 开展劳动主题活动的频次 意见：应为劳动教育主题，同T85	4.87	0.34	7.00%	开展劳动教育主题活动的频次
		T85 开展劳动主题活动的类别	4.73	0.44	9.30%	开展劳动教育主题活动的种类

二级指标	三级指标	观测点	平均数	标准差	变异系数	修改情况
实践层面	活动（非课程）	T86 劳动主题活动目标的清晰度与完整度	4.80	0.40	8.33%	劳动教育主题活动目标清晰与完整度
	特色工作	T87 校园其他文化活动中融入劳动教育情况	4.87	0.34	7.00%	保留
		T88 将劳动教育与学校、专业等特色结合情况	4.80	0.40	8.33%	保留
		T89 将劳动教育与新技术、新载体相结合情况	4.93	0.25	5.07%	保留
		T90 劳动教育科研、教研及运用情况	4.87	0.34	7.00%	保留
		T91 劳动教育成果推广宣传情况	4.87	0.34	7.00%	保留

三、综合分析

（一）专家意见的集中性分析

通过对第二轮专家咨询调查问卷两类数据的统计分析，得出专家们对指标体系意见的集中性程度。由表 5-34 中数据可得，第二次专家咨询问卷平均数的平均值为 4.67，大于 3（五级量表）、标准差的平均值为 0.52，小于 1，专家对于本调查问卷的意见集中性较高。

表 5-34 指标平均数、标准差平均值统计表

二级指标	劳动价值观	劳动情感与品质	劳动知识与技能	劳动实践习惯	教师劳动素养	劳动教育意识	劳动教育教学能力	认识层面	保障层面	实践层面
平均数	4.64	4.64	4.56	4.68	4.77	4.76	4.59	4.60	4.71	4.77
标准差	0.52	0.54	0.47	0.51	0.40	0.43	0.61	0.78	0.47	0.45

（二）专家意见的一致性分析

专家意见的一致性可以通过变异系数来表达，当变异系数小于 20% 表明一致性良好。由表 5-35 中数据可得，变异系数的总平均值为 11.9%，比第一

次专家咨询问卷中变异系数的比值 18.1% 小 6.2%。可见第二次问卷的专家意见一致性更高。

表 5-35　指标变异系数平均值统计表

二级指标	劳动价值观	劳动情感与品质	劳动知识与技能	劳动实践习惯	教师劳动素养	劳动教育意识	劳动教育教学能力	认识层面	保障层面	实践层面
变异系数	11.30%	11.92%	10.28%	10.86%	8.44%	8.98%	13.38%	17.07%	10.06%	9.59%

第六章

新时代大中小学劳动教育评价指标体系内涵解析

第一节 基于两轮专家意见咨询确定的
小学劳动教育评价指标体系

表 6-1 新时代大中小学劳动教育评价指标体系

一级指标	二级指标	三级指标	观测点
学生劳动素养	劳动价值观	劳动的个人价值认知	T1 人生观（劳动光荣与美丽感知度） T2 人的实践存在本质认知 T3 知恩感恩意识
		劳动的社会价值认知	T4 价值观（劳动崇高的感知度） T5 人的社会属性本质认知 T6 责任担当意识
		劳动的人类价值认知	T7 世界观（劳动伟大的感知度） T8 人类社会发展根本动力认知 T9 创新创业意识
	劳动情感与品质	劳动喜爱度	T10 劳动接受情况（正反两个向度） T11 劳动获得感情况 T12 劳动美体验情况
		劳动崇敬度	T13 尊重劳动者情况 T14 尊重劳动成果情况
		劳动专注度	T15 劳动的细致性品质 T16 劳动注意力集中度 T17 成就劳动目标欲望的强度
		劳动忍耐度	T18 劳动艰辛忍耐的强度 T19 劳动艰辛忍耐的时间长度

续表

一级指标	二级指标	三级指标	观测点
学生劳动素养	劳动情感与品质	劳动诚实度	T20 劳动的诚实品质 T21 享用别人劳动成果时的诚信态度
	劳动知识与技能	日常劳动知识知晓度	T22 日常劳动工具识别能力 T23 其他劳动常识
		日常劳动操作熟练度	T24 家务劳动操作熟练度 T25 其他日常劳动操作熟练度
		非日常劳动知识与技能掌握情况	T26 个人长期专注的劳动知识与技能掌握情况 T27 专业劳动知识与技能掌握情况（大学生）
		创新性劳动能力	T28 广度 T29 深度
	劳动实践习惯	日常劳动实践参与情况	T30 种类 T31 频次
		服务性劳动实践（公益志愿活动）参与情况	T32 种类 T33 频次
		生产性劳动实践（创新性活动）参与情况	T34 强度 T35 频次
教师劳动教育条件与能力	教师劳动素养	劳动价值观	T36 劳动个人价值认知 T37 劳动社会价值认知 T38 劳动人类价值认知
		劳动情感与品质	T39 喜爱度 T40 崇敬度 T41 专注度 T42 忍耐度 T43 诚实度
		劳动知识与技能	T44 日常劳动知识知晓度 T45 日常劳动操作熟练度 T46 教师教育教学基本知识与技能（教研、科研除外） T47 教研科研等创新能力
		劳动实践习惯	T48 日常劳动实践情况 T49 服务劳动实践情况 T50 生产（教学科研等）劳动实践情况

一级指标	二级指标	三级指标	观测点
教师劳动教育条件与能力	劳动教育意识	"劳育"地位认知情况	T51 "五育"并举政策了解情况 T52 "劳育"与德智体美等教育关系认知情况
		学生劳动素养的价值认知	T53 学生劳动素养识别意识 T54 学生劳动素养重要性认知
		开展劳动教育的主动性	T55 现实紧迫性感知 T56 情感驱动表现
	劳动教育与教学能力	劳动教育专业知识认知情况	T57 知识的广度 T58 知识的深度
		劳动教育技能掌握情况	T59 劳动教育技能储备情况 T60 劳动教育技能运用能力
		劳动教育目标认知情况	T61 目标认知完整度 T62 目标认知清晰度
		劳动教育的教学能力	T63 课堂教学设计能力 T64 课堂教学组织能力 T65 课堂教学评价能力
学校劳动教育条件保障与实践	认识层面	办学思想	T66 办学指导思想（学校重要制度文件）中对劳动教育的关照度
		管理人员的认识	T67 领导层对劳动教育重要性的认知情况 T68 其他管理者对劳动教育重要性的认知情况
	保障层面	物质保障	T69 劳动教育资金投入情况 T70 劳动教育基础设施情况 T71 劳动教育师资配备情况 T72 劳动教育实践基地情况
		制度保障	T73 有关劳动教育的制度数量 T74 劳动教育考核、评价与督导相关制度建设情况 T75 制度联动性与一贯性 T76 劳动教育运行机制顺畅度与资源整合度
		文化保障	T77 校园劳动文化 T78 校园劳动教育文化

一级指标	二级指标	三级指标	观测点
学校劳动教育条件保障与实践	实践层面	劳动课程	T79 劳动教育课（包括实践课）开设与考核情况 T80 劳动教育教材使用与建设情况 T81 学生对课程的欢迎度 T82 劳动教育融入其他课程（思政课除外）情况 T83 劳动教育融入思政治课情况
		活动（非课程）	T84 开展劳动教育主题活动的频次 T85 开展劳动教育主题活动的类别 T86 劳动教育主题活动目标清晰度与完整度 T87 校园其他文化活动中融入劳动教育情况
		特色工作	T88 将劳动教育与学校、专业等特色结合情况 T89 将劳动教育与新技术、新载体相结合情况 T90 劳动教育科研、教研及运用情况 T91 劳动教育成果推广宣传情况

第二节　新时代大中小学劳动教育评价指标体系的内涵分析

一、劳动素养

劳动素养是与人的劳动相关的各种条件与潜能等多方面因素的集成，其形成有先天的因素影响，更与后天的教育相关，是劳动教育的根本目标，因而也是评价劳动教育成效的主要目标。尽管学界对劳动素养的具体维度还未形成完全统一的认识，但从价值观、情感、知识、技能、实践等方向进行考量得到了广泛的认可。本研究依据"知情意行"相关理论，构建劳动素养的四重维度，分别是：劳动价值观、劳动情感与品质、劳动知识与技能、劳动实践习惯。

（一）劳动价值观

价值观是人运用自己的思维，对事物进行认知、理解、判断或选择时所表现出的价值取向。价值观的形成受多种因素影响，形成的机制复杂，表现出较强的稳定性，并随着年龄的增长和认知的强化，其稳定性也越强。劳动价值观指的是有关人对劳动的根本认知态度，具体表现为对劳动的个人价值认知、对劳动的社会价值认知和对劳动的人类价值认知。

1. 劳动的个人价值认知。劳动的个人价值认知指的是劳动对于个人存在意义与价值认知。这首先体现在个人的人生观上，一个持有积极健康人生观的人必然认为只有通过自己努力奋斗，付出艰辛劳动，才能成就个人的人生梦想。其次，还体现在对人的实践存在本质的深刻认知。另外，由于深刻感受到在自己成长过程离不开父母等长辈的艰辛劳动和付出，因而也应具有知恩感恩意识。与此同时，对劳动光荣与美丽的感受也是其核心内容。

2. 劳动的社会价值认知。劳动的社会价值认知是要把个人的劳动放置在社会集体这个层面进行考量。一个持有科学正确价值观的人一定会把个人的存在价值放到社会集体中去显现。在社会主义核心价值观中，敬业是其中的重要一条，人只有通过自己的劳动才能得到社会的认可。其次，拥有正确劳动价值观的人一定会对人的社会属性本质形成正确的认知，劳动是人作为社会性存在的前提和最基本形式。也正因为如此，责任担当意识是科学劳动价值观的一个重要表现方面。与此同时，对劳动崇高的感受也是其核心内容。

3. 劳动的人类价值认知。劳动的社会价值认知是要把个人的劳动放置在整个人类社会的诞生与发展这个层面进行考量。属于最高层面的站位，因而与世界观、人类历史观形成直接联系。科学的世界观始终认为，在人类诞生后，世界的发展离不开人类的实践，劳动是人类实践的最基本形式。这也就表现在唯物史观上，人民群众的各种劳动与实践推动了人类历史向前发展。实践的核心特征是人发挥自己主观能动性进行创造性活动。从这个层面来说，拥有创新创业意识是对劳动实践的一个基本要求。与此同时，对劳动伟大的感受也是其核心内容。

综上所述，劳动价值观在劳动素养中处于核心地位，也是评价劳动素养的核心指标，其具体指标与观测点如表6-2所示。

表6-2　劳动价值观指标下各指标及观测点

二级指标	三级指标	观测点
劳动价值观	劳动的个人价值认知	人生观（劳动光荣与美丽感知度） 人的实践存在本质认知 知恩感恩意识
	劳动的社会价值认知	价值观（劳动崇高感知度） 人的社会属性本质认知 责任担当意识
	劳动的人类价值认知	世界观（劳动伟大感知度） 人类历史观 创新创业意识

劳动价值观这个指标对年龄小的学生来说，其评价表征有着模糊的特点，更多学生表现出中性特征，尤其是在具体的世界观等层面难以表现和考量，但在有的地方还是有表现的。这就要求在具体的测评问卷设计上进行特别设计。

（二）劳动情感与品质

劳动情感与品质包含两方面，一是对待劳动的情感表现，二是劳动过程中表现出的工作品质及道德倾向。劳动情感与品质不像劳动知识与技能那样表征明显，在劳动素养中处于更深一个层次，但与劳动价值观相比较，劳动情感与品质的稳定性要弱一些，并受劳动价值观的支配影响。劳动情感主要表现在喜爱度与崇敬度两方面，而劳动品质包含劳动专注度、劳动忍耐度和劳动诚实度三方面。

1. 劳动喜爱度。劳动喜爱度在本质上是指对劳动行为的接受情况，可以有正反两个向度。就其反向向度来说，是指对劳动行为的排斥、厌恶等不良情感表现；就其正向向度来说，是指对劳动的热爱情感表现。同时，劳动的喜爱度还体现在劳动获得感的表现情况以及对劳动美的体验情况。对劳动的喜爱感源于对自己劳动成果的期待感与满足感。那些尽情享受劳动美的人也一定表现出对劳动的喜爱。劳动喜爱度是劳动情感的最直接、最基本的指标。

2. 劳动崇敬度。如果说劳动的喜爱度更多的是针对劳动者自己劳动的情感表现，那么劳动崇敬度更多地表现为对他人劳动的情感态度。在现实中有两个表现维度：一是对劳动者的尊重情况，这里劳动者包括各种各样的劳动者；二是对劳动成果的尊重态度。

3. 劳动专注度。劳动专注度是对劳动的一项基本品质要求，主要体现在劳动过程中的细致性品质、个人劳动注意力集中程度以及成就劳动目标欲望的强度三方面。劳动和休闲是一对相对关系的概念。休闲指的是人的精力的放松和随意，而劳动要求人精力的集中和专注。这种发挥劳动者主观能动性的活动也更多地体现出创新的内在要求。人的劳动过程就是要通过创新想法和手段克服众多客观制约。

4. 劳动忍耐度。劳动不仅是一种内含创新属性的人类活动，也是一种需要人克服自己身心困难的活动。劳动与劳累有着一定的因果关系，劳动需要精力的支出，会导致人的劳累。在体力劳动过程中，人的肢体需要重复地做出非休闲状态下的动作，这样的动作会使人体某些部位和整个身体感到不适。在脑力劳动过程中，更多表现的是人大脑的集中运转，这也同样使人的身心形成暂时困难。正因为如此，劳动需要人有忍耐性的品格，需要克服艰辛的能力。考量人的劳动忍耐度需要从劳动艰辛忍耐的强度和劳动艰辛忍耐的时间长度两方面着手。

5. 劳动诚实度。劳动诚实度体现在两方面，一是在自己的劳动过程中，能够真心付出，不欺诈，不投机取巧，不盗用别人劳动成果，强调的是诚实劳动；二是表现在享用别人劳动成果时怀有感激之心并愿意给予对等付出，强调的是感恩之心和诚信品质。

表6-3 劳动情感品质指标下各指标及观测点

二级指标	三级指标	观测点
劳动情感与品质	劳动喜爱度	劳动接受情况（正反两个向度） 劳动获得感情况 劳动美体验情况
	劳动崇敬度	尊重劳动者情况 尊重劳动成果情况

二级指标	三级指标	观测点
劳动情感与品质	劳动专注度	劳动的细致性品质 劳动注意力集中度 成就劳动目标欲望的强度
	劳动忍耐度	劳动艰辛忍耐的强度 劳动艰辛忍耐的时间长度
	劳动诚实度	劳动的诚实品质 享用别人劳动成果时的诚信态度

（三）劳动知识与技能

劳动知识与技能包括劳动知识和劳动技能两方面，但在整个劳动素养中都处于同一个层次，比劳动价值观和劳动情感与品质都浅。劳动知识包括日常劳动知识和非日常劳动知识，劳动技能也包括日常劳动操作技能和非日常劳动技能，这些知识与技能都比较显性。虽然在现实中有对创新能力要求不高的劳动形态存在，但由于劳动对创新有着内在的本质要求，所以创新能力是劳动知识与技能的一种隐性要求，而且是现在社会需要的一种很重要的劳动素质要求。

1. 日常劳动知识知晓度。日常劳动知识主要表现在日常劳动工具识别、劳动常识等方面。劳动者、劳动对象和劳动资料形成了完整的劳动结构，劳动工具是劳动资料中最重要的方面，对劳动工具的识别是劳动知识掌握情况的重要观测点。另外，日常劳动知识更多地表现为劳动常识，包括日常劳动安全知识、日常劳动操作规程以及简单科学知识等方面。

2. 日常劳动操作熟练度。劳动知识与技能虽然在这里被放在一个层次上进行考量，但知识与技能是有区别的，知识掌握得好不一定代表技能掌握得好。在评价劳动素养时离不开对劳动技能的考量，这首先要求对日常劳动操作熟练度进行评价。家务劳动操作熟练度是日常劳动的主要方面，做饭、整理、打扫卫生等日常家务干得如何是评价劳动素养的一项基本指标。除日常家务劳动外，还有一些日常劳动操作情况也是考量劳动素养的重要方面，如在学校等其他环境中的简单劳动表现。

3. 非日常劳动知识与技能掌握情况。人的劳动除了日常劳动外，还有更多非日常性的劳动。日常劳动知识与技能有高度的共性，在评价观测点与问卷设计上有较高的一致性。而非日常劳动知识与技能掌握情况个性化较强。一方面是由于大中小学生不同年龄的区别原因导致；另一方面，就是同一年龄段的学生，在非日常劳动的知识与技能方面也会因人而异。正因为如此，在具体评价过程中的问卷设计要有区别。

4. 创新性劳动能力。创新本是劳动的内在本质要求，但由于日常简单劳动在一定程度上掩盖了其创新的本质要求，从而导致人们在认识上形成了劳动与创新的割裂。创新性劳动能力是劳动素养的重要方面，并且随着人类社会科学技术等全面进步，劳动对创新的依赖越发明显。在评价创新性劳动能力时需要从两个维度着手，一是创新性的广度，即一个人创新活动所涉及领域的宽泛程度；二是创新性的深度，即创新思维与实践所达到的深度以及引起现实变化的程度。

表6-4　劳动知识与技能指标下各指标及观测点

二级指标	三级指标	观测点
劳动知识与技能	日常劳动知识知晓度	日常劳动工具识别能力 其他劳动常识
	日常劳动操作熟练度	家务劳动操作熟练度 其他日常劳动操作熟练度
	非日常劳动知识与技能掌握情况	个人长期专注的劳动知识与技能掌握情况 专业劳动知识与技能掌握情况（大学生）
	创新性劳动能力	创新性广度 创新性深度

（四）劳动实践习惯

劳动实践的目的不同，其性质也大相径庭。根据劳动实践的性质，可将劳动实践分为日常劳动实践，服务性劳动实践与生产性劳动实践三类。学生的劳动实践习惯主要在这三个领域得以体现。日常劳动实践在我们日常生活中接触较多，最主要的表现形式就是家务、值日等。而从事服务性劳动实践的人一般需要具有良好的个人品质，积极主动地为社会提供志愿服务。生产性劳动实践对个人能力要求较高，与机械的简单的一般的劳动不同，它相对来说更加强调创新素养与人的专业知识支撑。

1. 日常劳动实践参与情况。日常劳动实践是一种基础性劳动，人们通过生活自理，归纳整理以及日常工作等形式进行日常劳动。除了日常劳动实践的种类，其频次也是一个重要的观测维度。每个人在现实生活中都会接触日常劳动实践，相比于其他劳动实践，它的范围更广，频率也更高。在日常劳动实践中能很好观察学生的劳动习惯。

2. 服务性劳动实践（公益志愿活动）参与情况。劳动的目的是获取人类生产生活所需要的物质资料，从这个角度看，它更加强调自身的利益。但服务性劳动实践更加强调服务性、公益性。它是人们自发组织的，不谋私利的、忘我的劳动。从事服务性劳动实践的人一般需要具有良好的个人素质与精神品质，服务性劳动实践的意义在于传递爱心、传播文明，加强人与人之间的对话交流和人文关怀。服务性劳动实践活动形式多样，比如，探访老人，清洁卫生，募捐活动等。除了种类外，参加服务性劳动的频率也是一个重要的观测点。

3. 生产性劳动实践（创新性活动）参与情况。创新是社会发展的第一动力，相较于日常劳动实践，生产性劳动对参与者的能力素质要求较高。从事生产性劳动的劳动者一般是脑力劳动者，他们的实践对于社会发展与进步作用重大。由于国家发展的需要，创新在社会生产实践中的地位举足轻重。在评析学生参与生产性劳动实践时要从两个维度着手，一是生产性劳动的强度，根据创新的强度，可将创新分为渐进性技术创新与突破性技术创新，这凸现了不同的生产性活动具有不同的影响力。二是生产性劳动的频次，即生产性劳动实践的参与数量多少与频率高低。

表6-5 劳动实践习惯指标下各指标及观测点

二级指标	三级指标	观测点
劳动实践习惯	日常劳动实践参与情况	种类 频次
	服务性劳动实践（公益志愿活动）参与情况	种类 频次
	生产性劳动实践（创新性活动）参与情况	强度 频次

二、教师劳动教育条件与能力

（一）教师劳动素养

素养是人的内在身心特征，劳动素养是在生产与生活中形成的劳动方面的素养。教师在落实劳动教育中发挥着至关重要的作用。因此，提升教师的劳动素养是进行劳动教育的必经之路。本研究立足劳动价值观、劳动情感与品质、劳动知识与技能、劳动实践习惯四方面，从主观与客观两个角度来考察教师的劳动素养。

1. 劳动价值观。教师价值观就具体内涵与考量维度来说和学生劳动价值观没有本质区别，但教师的劳动价值观对学生劳动价值观的影响不言而喻。

2. 劳动情感与品质。教师的劳动情感与品质主要表现在以下几方面，一是喜爱度，即教师对于劳动从心理上是否接受，接受是喜爱的前提条件。同时，从劳动结果来看，优秀的劳动结果也会反过来增加劳动喜爱度，二者相辅相成。二是崇敬度，崇敬度是从对他人的劳动及劳动成果的角度来考量，是否尊重他人的劳动及劳动成果是重要的表现形式。三是专注度，专注度作为一种特殊的素质与能力，指的是一个人专注于一件事的时间和程度。教师对于劳动的专注度高低直接影响劳动实践的效果，同时，专注度也是创新的内在要求。四是劳动忍耐度，忍耐度决定了教师在艰苦的劳动中能否抑制自己痛苦的感情并且坚持下去。五是劳动诚实度，诚实劳动指的是在劳动过程中能够专注，付出自己的心血，拒绝学术不端。

3. 劳动知识与技能。教师的劳动知识与技能体现在以下几方面，一是日常劳动知识知晓度，主要包括对劳动工具的识别与使用，劳动常识等。二是日常劳动操作熟练度，指的是正确使用劳动工具高效地进行劳动实践。三是教师职业知识与技能，既包括教师对专业知识的掌握也包括教师对劳动知识的掌握。四是教研科研创新能力，教师的教研科研创新能力是决定教育科研效率的直接因素，是教育科研任务顺利完成的主观条件。

4. 劳动实践习惯。劳动实践习惯是评价教师劳动教育条件与能力的最现实的标准，根据劳动实践的性质可将劳动分为三类。第一种是日常劳动实践情况，即教师参与日常劳动的种类，范围以及频率等，比如，家务、办公室值日等。第二种是服务劳动实践情况，这里主要指公益志愿类活动的参与情况，参加这类活动的教师一般拥有积极的正能量与爱心，不计较个人的付出等优秀品质。第三种是生产劳动实践情况，教师的生产性劳动成果是教师能力与素质的反映，是教师脑力劳动的结果，也是教师从事教学的根本任务。

表6-6　教师劳动素养指标下各指标及观测点

二级指标	三级指标	观测点
教师劳动素养	劳动价值观	劳动个人价值认知 劳动社会价值认知 劳动人类价值认知
	劳动情感品质	喜爱度 崇敬度 专注度 忍耐度 诚实度
	劳动知识与技能	日常劳动知识知晓度 日常劳动操作熟练度 教师职业知识与技能 教研科研创新能力
	劳动实践习惯	日常劳动实践情况 服务劳动实践情况 生产（教学科研等）劳动实践情况

（二）劳动教育意识

意识是赋予现实心理现象的总体，是个人直接经验的主观映像，表现为知、情、意三者的统一。劳动教育意识是指教师对于劳动教育的认知和心理准备。而这种心理认知和心理准备在一定程度上影响了劳动教育的实践。教师的劳动教育意识是心理特征，可将其运用于实践。评析教师是否具有劳动教育意识，本研究将"劳育"地位认知情况，学生劳动素养的价值认知，开展劳动教育的主动性作为观测点。

1."劳育"地位认知情况。"劳育"是人德智体美劳全面发展的主要内容之一。对"劳育"的清晰认知首先离不开对"五育并举"政策的了解。德智体美劳全面发展，五育之间相互区别又相互联系，承担着自己独特的育人功能。其次，需要了解"劳育"与德智体美的关系，即"劳育"有利于促进脑力劳动与体力劳动相结合，使学生手脑并用，理论与实践相结合。

2. 学生劳动素养的价值认知。学生劳动素养指的是学生在劳动过程中有关劳动的心态、能力及表现等综合概括。教师要认识到学生劳动素养不仅在劳动方面，而且在培养学生成人成才方面都有重要的价值。首先教师要能够识别学生的劳动素养，比如，劳动观念，劳动知识与能力，劳动习惯，劳动情感与品质，等等。除了劳动素养的识别意识，学生劳动素养重要性认知也是一个重要的观测点。学生劳动素养高低对学生将来进行社会实践有着决定性意义，决定着学生劳动成果质量高低。所以，在教师教学过程中，应着重培养学生劳动素养。

3. 开展劳动教育的主动性。在应试教育的背景下，忽视劳动教育，唯分数论成了部分学校的选择。教师主动开展劳动教育迫在眉睫，教师要认识到学校劳动教育的缺失所带来的严重后果。除了教师对现实紧迫性的感知，教师的情感驱动表现也是一个重要的考量维度。教师要从思想与行为上认可劳动教育，要热爱劳动教育，对劳动教育怀有支持的态度。在课上要鼓励学生参与劳动实践，课下要引导学生探寻劳动实践的路径。

表6-7　劳动教育意识指标下各指标及观测点

二级指标	三级指标	观测点
劳动教育意识	"劳育"地位认知情况	"五育"并举政策了解情况 "劳育"与德智体美教育的关系认知情况
	学生劳动素养的价值认知	学生劳动素养识别意识 学生劳动素养重要性认知
	开展劳动教育的主动性	现实紧迫性感知 情感驱动表现

（三）劳动教育与教学能力

教师的劳动教育与教学能力是将劳动教育付诸实践最为关键的一步，提高教师的劳动教育与教学能力也是当下最紧迫的任务。相较于教师劳动素养与劳动教育意识，教师的教学能力是课堂教学实践中更加强有力的支撑。教师的劳动教育与教学能力主要包含五方面。一是对劳动教育知识认知情况，这里从横向和纵向两个维度来考查。二是劳动教育技能的掌握情况，从知行结合角度来考查。三是对劳动教育目标认知情况，从全面与具体两个维度来考查。四是劳动教育的教学能力。五是劳动教育融入其他教育教学情况。

1. 劳动教育知识认知情况。教师掌握劳动教育相关知识是其顺利开展劳动教育的重要前提。劳动教育知识内涵丰富，涵盖了日常生活工作的各方面，教师要准确把握劳动教育知识的广度，广泛涉猎，在课堂教学中传授给学生。同时，对劳动教育知识的把握不仅需要广泛，还需要精通，即教师掌握劳动教育知识的深度，对知识不仅要知其然还要知其所以然，对每一个知识点都能深刻领悟。广度与深度是考量劳动教育知识掌握情况两个重要观测维度。

2. 劳动教育技能掌握情况。技能有别于知识，但又与知识联系紧密。知识是技能的基础，掌握技能的前提是掌握知识。同时，知识的差距也会导致技能的差距。知识是静态的，技能是动态的，更加强调实践能力。教师要在掌握劳动知识的基础上掌握劳动技能，对劳动技能要普遍知晓。同时，教师劳动教育技能的运用能力也不容忽视，在具体的教学实践当中，劳动教育技能的运用会直接影响到学生们对知识的掌握。劳动教育技能知晓情况和劳动教育技能运用能力是评析教师劳动教育技能掌握情况的两个重要的观测点。

3. 劳动教育目标认知情况。劳动教育目标是教师上课的出发点与落脚点，一切教育教学活动都是围绕着劳动教育目标来进行的。因此，课前老师都会根据教学内容与学生实际设置一定的教学目标。在教育目标设定时，首先教师要对教育目标有一个完整的全面认识，只有对教育目标全面了解后，才不会偏离培养方向。另外，教师要对教育目标有一个清晰的认识，深入了解教育目标后再开展教学实践，以便更好地达到预期效果。对劳动教育目标认知的清晰度与完整度是评析劳动教育目标认知情况的两个重要观测点。

4. 劳动教育的教学能力。教师的教学能力指的是教师指导学生进行学习活动，完成教学任务的能力，它是完成教学任务，实现教学目的的根本保证。在评析劳动教育的教学能力时，有三个观测点，第一个是教学设计能力，第二个是教学组织能力，第三个是教学评价能力。

5. 劳动教育融入其他教育教学情况。劳动教育无时不孕育在其他课程的学习中。因此，除了劳动教育课堂，在其他课堂我们也应强调劳动教育的内容与意义，所以教师要有意识地将劳动教育融入其他教育教学。非劳动教育教学中融入劳动教育的次数和效果是两个重要观测点，数量与质量并举。

表6-8　教师劳动教育与教学能力指标下各指标及观测点

二级指标	三级指标	观测点
劳动教育 与教学能力	劳动教育知识的认知情况	知识的广度 知识的深度
	劳动教育技能掌握情况	劳动教育技能知晓情况 劳动教育技能运用能力
	劳动教育目标认知情况	目标认知完整度 目标认知清晰度
	劳动教育的教学能力	教学设计能力 教学组织能力 教学评价能力
	劳动教育融入其 他教育的情况	非劳动教育中融入劳动教育的次数 非劳动教育中融入劳动教育的效果

三、学校劳动教育条件保障与实践

学校始终是作为主阵地来保障劳动教育的开展，必要的保障不仅是开展劳动教育的前提基础、重要支撑，更对学生树立科学的劳动观念有重要意义。学校要从多方面给予保障劳动教育开展的条件。本研究从认识层面、保障层面与实践层面三个维度来分析学校劳动教育条件保障与实践。

（一）认识层面

从认识层面来看，学校重视劳动教育要从两方面开始抓。一是办学思想，学校的办学思想指导着学校的发展方向，学校从上层建筑的角度来强调劳动教育，潜移默化地让全体师生重视劳动教育。二是管理人员的认识，管理人员在教育教学的实践过程中始终发挥引领作用，整个学校的发展方向由他们带领，因此深化管理人员对劳动教育的认知将在劳动教育开展中发挥不可替代的作用。

1. 办学思想。一个学校的办学思想是在具体办学过程中指导、影响办学行为的理论思想，是学校管理者基于以自己的价值观与道德标准，对管理学校和发展学校所持的信念与态度。校长的办学思想有两个最基本的作用：一是使校长个体的行为具有自觉性和目的性；二是在此基础上，使学校的整体行为具有自觉性和目的性。在学校层面的劳动教育中，将办学指导思想中对劳动教育的关注度作为观测点，即学校是否从上层建筑的高度关注劳动教育，是否将劳动教育划入制度规定等。

2. 管理人员的认识。管理人员的认识对开展劳动教育也具有重要意义，只有管理人员深刻认识到劳动教育的作用，才可以上传下达，将这种思想传递给各位老师，再具体开展劳动教育。本研究将领导层与其他管理者对劳动教育的认知与重视情况作为观测点。领导层发挥着党指挥枪的作用，是学校各种思想制度的制定者，领导层对劳动教育的重视可以推动劳动教育的贯彻与执行。同时，其他管理者可以与广大教师同学发挥联动作用，共同制定与执行劳动教育方案，这也从一定程度上推动劳动教育发展。

表6-9　认识层面指标下各指标及观测点

二级指标	三级指标	观测点
认识层面	办学思想	办学指导思想（学校重要制度文件）中对劳动教育的关照度
	管理人员的认识	领导层对劳动教育重要性的认知与重视情况 其他管理者对劳动教育重要性的认知与重视情况

（二）保障层面

学校所提供的各方面的保障是开展劳动教育的基础，学校应该将提供的保障细化。拥有强有力的保障，教师在开展劳动教育时也能够得心应手。本研究将学校的保障分为三类，第一类是物质保障，从劳动教育的资金，设备，师资力量等方面来提供保障。第二类是制度保障，学校制定具体制度来保障劳动教育的进行。第三类是文化制度，通过校园文化的熏陶，来保障劳动教育的进行。

1. 物质保障。对劳动教育来说，强有力的物质保障直接保证了劳动教育的顺利进行，从物质上巩固和提高劳动教育质量，保证劳动教育任务顺利完成。随着时代的发展，物质保障在教育中的作用越来越重要，对劳动教育来说，物质保障尤为重要，是教育领域取得进步的"硬核力量"。劳动教育工作的实质性成效离不开劳动教育的物质保障。学校分别从劳动教育资金投入情况，劳动教育基础设施情况，劳动教育师资配备情况，劳动教育实践基地情况来评析劳动教育的物质保障状况。

2. 制度保障。好的制度能够使教师们积极工作，促进劳动教育发展，不好的制度能够使教师的工作积极性降低，阻碍劳动教育的发展。所以，学校的发展需要建立和不断修改、完善学校的规章制度，形成适应教师、适应学校、适应社会的制度体系。本研究将从以下几方面来评析学校的制度保障，一是有关劳动教育的直接制度数量，即学校的规章制度里劳动教育方面要占有一定比例。二是涉及劳动教育质量的间接制度数量，即从侧面反映劳动教育质量的制度也要占有一定数量。三是劳动教育考核、评价与督导相关制度建设情况，评价体系有利于教师们总结经验，提高劳动教育质量。四是制度联动性与一贯性，即建立一体化的制度体系。五是劳动教育运行顺畅度与资源整合度，学校要学会整合资源，将劳动教育资源整合为具体的运行能力。

3. 文化保障。文化的熏陶作用对于教育的意义不言而喻，而且其作用是深远的。学校有关劳动教育的文化可分两方面，一是学校的劳动文化氛围，二是学校劳动教育文化氛围。这两者有一定联系，也有一定区别。学校劳动文化氛围是指没有主观预设教育目的状态下的学校劳动氛围，虽然没有劳动教育的主观目的，但有劳动教育的客观作用。而学校劳动教育文化氛围指的是有直接劳动教育目的的各类文化呈现。它们都对劳动教育产生了重要作用。因此，开展劳动教育要重视建立文化保障，其中将校园劳动文化和校园劳动教育文化作为观测点。

表 6-10 保障层面指标下各指标及观测点

二级指标	三级指标	观测点
保障层面	物质保障	劳动教育资金投入情况 劳动教育基础设施情况 劳动教育师资配备情况 劳动教育实践基地情况
	制度保障	学校有关劳动教育的直接制度数量 涉及劳动教育的间接制度数量 制度联动性与一贯性 劳动教育运行机制顺畅度与资源整合度
保障层面	文化保障	校园劳动文化 校园劳动教育文化

（三）实践层面

所有有关劳动教育政策的制定都是为了保证教育实践顺利地进行，劳动教育的实践活动是落实劳动教育政策的具体行动。学校落实教育实践活动主要从以下三方面进行，一是劳动课程，这是进行劳动教育最直接的方法。二是开展劳动活动，这是学生进行劳动学习最生动活泼的途径。三是学校开展的特色工作及其对学生和老师参与的吸引力。

1. 劳动课程。劳动是生活的基础，是幸福的源泉。无论时代如何发展，劳动教育的价值不会改变。学校要因地制宜设置课程，让学生在不断尝试的过程中加深对劳动的理解。本研究主要从五方面来分析劳动课程。一是劳动教育课开设与考核情况，学校设置劳动教育课并定期进行考核有利于督促教师学生积极学习劳动教育的相关知识。二是劳动教育教材使用与建设情况，教材是教学过程中的重要工具，对教师教学与学生学习都有重要的辅助作用，因此教材建设与使用不可忽视。三是学生对课程的欢迎程度，只有学生对劳动教育课程感兴趣，才能更好地开展劳动教育活动。四是劳动教育融入其他课程情况，学校开展综合性教学有助于培养全能型人才。五是劳动教育融入思政课情况，劳动教育融入思政课有助于实现立德树人的目标。

2. 活动。劳动主题活动的开展有助于教育学生热爱劳动，从自己做起，从小事做起，与此同时能为他人、为集体服务，培养学生责任感和社会适应能力。学校要组织开展劳动主题活动，其种类与频次是重要观测点。另外，劳动主题活动的开展要达到一定的目标，所以劳动主题活动目标的清晰度与完整度也是一个重要观测点。最后，还要注意校园其他文化活动融入劳动教育的情况。

3. 特色工作。学校应该积极开展一些特色工作，打破传统工作体系的单调乏味，吸引同学们参与劳动实践的兴趣，调动老师参与劳动教育的积极性。本研究立足于以下几点，一是将劳动教育与学校、专业等特色结合的情况，学校开展劳动教育要体现学校特色，彰显学校风格。二是将劳动教育与新技术、新载体相结合的情况，劳动教育要适应时代发展需要，充分利用现代科技，为现代社会发展培育人才。三是劳动教育科研、教研及运用情况，要将劳动教育上升到学术高度。四是劳动教育成果推广宣传情况，让身边更多的人了解重视劳动教育。五是其他一些特色工作。

表 6-11　实践层面指标下各指标及观测点

二级指标	三级指标	观测点
实践层面	劳动课程	劳动教育课（包括实践课）开设与考核情况 劳动教育教材使用与建设情况 学生对课程的欢迎度 劳动教育融入其他课程（思政课除外）情况 劳动教育融入思政治课情况
	活动（非课程）	开展劳动教育主题活动的频次 开展劳动教育主题活动的类别 劳动教育主题活动目标的清晰度与完整度 校园其他文化活动中融入劳动教育情况
	特色工作	将劳动教育与学校、专业等特色结合情况 将劳动教育与新技术、新载体相结合情况 劳动教育科研、教研及运用情况 劳动教育成果推广宣传情况 其他

第七章

新时代大中小学劳动教育评价指标体系信效度分析

第一节　研究目的

为了测量指标体系构建的有效性，本团队对构建的评价指标体系进行了实证研究，通过数据分析对评价指标体系进行了内部一致性检验和探索性因素分析，从而测量评价指标体系的信度和效度。

第二节　研究方法

一、数据采集

采用问卷调查的方法，按照"学校劳动教育条件保障与实践""教师劳动教育条件与能力""学生劳动素养"三个维度调查教育教学研究者或一线教师对指标体系重要性的认可状况。通过电子问卷和纸质版问卷的形式向 S 省及其周边省的大中小学一线教师或相关研究者发放问卷《新时代大中小学劳动教育评价指标体系重要性问卷》［见附件一（6）］共 200 套，收回 178 份调查问卷，问卷回收率为 89%，由于网络问卷的填写质量等问题，最终确定了 103 个有效样本。

二、数据分析

在确定样本数据后，运用 Excel 和 SPSS25.0 等统计分析软件对调查数据进行测量，对评价指标体系的内部一致性进行检验，对探索性因子进行分析，对指标体系的信度和效度进行了验证分析。

三、指标体系

表 7-1　新时代大中小学劳动教育评价指标体系

一级指标	二级指标	三级指标
学生劳动素养	劳动价值观	VAR00001 劳动的个人价值认知
		VAR00002 劳动的社会价值认知
		VAR00003 劳动的人类价值认知
	劳动情感与品质	VAR00004 劳动喜爱度
		VAR00005 劳动崇敬度
		VAR00006 劳动专注度
		VAR00007 劳动忍耐度
		VAR00008 劳动诚实度
	劳动知识与技能	VAR00009 日常劳动知识知晓度
		VAR00010 日常劳动操作熟练度
		VAR00011 非日常劳动知识与技能掌握情况
		VAR00012 创新性劳动能力
	劳动实践习惯	VAR00013 日常劳动实践参与情况
		VAR00014 服务性劳动实践（公益志愿活动）参与情况
		VAR00015 生产性劳动实践（创新性活动）参与情况
教师劳动教育条件与能力	学生劳动素养	VAR00016 劳动价值观
		VAR00017 劳动情感与品质

一级指标	二级指标	三级指标
教师劳动教育条件与能力	教师劳动素养	VAR00018 劳动知识与技能
		VAR00019 劳动实践习惯
	劳动教育意识	VAR00020 "劳育"地位认知情况
		VAR00021 学生劳动素养的价值认知
		VAR00022 开展劳动教育的主动性
	劳动教育与教学能力	VAR00023 劳动教育专业知识认知情况
		VAR00024 劳动教育技能掌握情况
		VAR00025 劳动教育目标认知情况
		VAR00026 劳动教育的教学能力
学校劳动教育条件保障与实践	认识层面	VAR00027 办学思想
		VAR00028 管理人员的认识
	保障层面	VAR00029 物质保障
		VAR00030 制度保障
		VAR00031 文化保障
	实践层面	VAR00032 劳动课程
		VAR00033 活动（非课程）
		VAR00034 特色工作

第三节　评价指标体系的信效度分析

一、信度分析

克隆巴赫 α 系数的值以 0.9 为临界值，≥0.9 说明信度较好，且 α 系数越高，信度越好。本研究的克隆巴赫 α 系数具体信息如表 7-2 所示。由表可知，

问卷的 α 系数为 0.944，三项一级指标 α 系数分别为 0.946、0.953、0.977。本研究的 α 系数为 0.944，大于 0.9，问卷内部一致性程度较好。

表 7-2　调查问卷信度数据统计表

指标	项数	克隆巴赫 Alpha
学生劳动素养	15	0.946
教师劳动教育条件与能力	11	0.953
学校劳动教育条件保障与实践	8	0.977
整体	34	0.944

二、效度分析

在运用分析软件 SPSS25.0 分析工具中，运用主成分分析法萃取因素个数，进行探索性因子分析，获得新时代大中小学劳动教育评价指标因子的载荷矩阵以及主成分因子的特征值和贡献率等信息。

（一）KMO 和巴特利特球形度检验

利用 SPSS25.0 对指标统计结果进行效度检验，分析 KMO 值和巴特利特检验，如表 7-3 可知，该问卷的 KMO 值为 0.886，可以做因子分析。

表 7-3　调查问卷 KMO 和巴特利特检验数据统计表

KMO 取样适切性量数	—	0.886
巴特利特球形度检验	近似卡方	4525.067
—	自由度	561
—	显著性	0.000

（二）变量的提取度分析

从表 7-4 可以看出，"提取"一列的数值中除 VAR10、VAR12、VAR13、VAR14、VAR15 等 5 项的数值小于 0.5 外，其余 29 项数值都大于 0.5。本研究中的公因子表达指标的程度良好。

表7-4　调查问卷公因子方差数据统计表

三级指标选项	初始	提取
VAR00001	1.000	0.800
VAR00002	1.000	0.831
VAR00003	1.000	0.734
VAR00004	1.000	0.861
VAR00005	1.000	0.816
VAR00006	1.000	0.803
VAR00007	1.000	0.798
VAR00008	1.000	0.685
VAR00009	1.000	0.684
VAR00010	1.000	0.496
VAR00011	1.000	0.565
VAR00012	1.000	0.264
VAR00013	1.000	0.254
VAR00014	1.000	0.427
VAR00015	1.000	0.465
VAR00016	1.000	0.803
VAR00017	1.000	0.784
VAR00018	1.000	0.678
VAR00019	1.000	0.693
VAR00020	1.000	0.640
VAR00021	1.000	0.666
VAR00022	1.000	0.604
VAR00023	1.000	0.666
VAR00024	1.000	0.677
VAR00025	1.000	0.781
VAR00026	1.000	0.742
VAR00027	1.000	0.828

三级指标选项	初始	提取
VAR00028	1.000	0.910
VAR00029	1.000	0.927
VAR00030	1.000	0.860
VAR00031	1.000	0.934
VAR00032	1.000	0.934
VAR00033	1.000	0.912
VAR00034	1.000	0.900
提取方法：主成分分析法。		

（三）总方差解释率

由表7-5和图7-1可以看出，新时代大中小学劳动教育评价指标体系的3个主成分因子的合计贡献率为71.829%，大于50%。这说明说本团队所制定的新时代大中小学劳动教育评价指标体系可以用来解释全部变量的71.829%，涵盖了大中小学劳动教育的大多数评价信息，证明了本团队所设计的这3项一级指标作为主要因子的合理性，指标解释度良好。

表7-5　调查问卷总方差解释主要数据统计表

提取载荷平方和	—	—	旋转载荷平方和	—	—
总计	方差百分比	累积 %	总计	方差百分比	累积 %
12.876	37.870	37.870	8.536	25.106	25.106
7.793	22.921	60.792	8.494	24.982	50.088
3.753	11.038	71.829	7.392	21.742	71.829

（四）变量的对应性分析

由表7-6和图7-2可知，从因子负荷矩阵中可以看到，变量分别在某个因素上有较高的载荷量，基本上都大于0.5，说明该指标体系具有良好的结构效度。除此之外，成分1至成分3与前期预设的"学校劳动教育条件保障与实践""教师劳动教育条件与能力""学生劳动素养"三大维度一致。成分1

碎石图

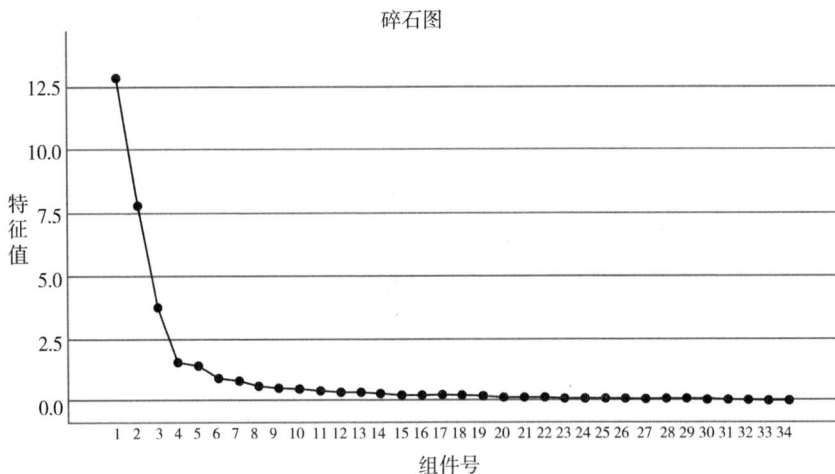

图 7-1　因子分析碎石图

（VAR16—VAR26）对应本研究的一级指标"教师劳动教育条件与能力"，成分 2（VAR1—VAR15）对应本研究的一级指标"学生劳动素养"，成分 3（VAR27—VAR34）对应本研究的一级指标"学校劳动教育条件保障与实践"。

一级指标"学生劳动素养"对应矩阵中的成分 1，VAR1—VAR15 在成分 2 上具有较高的载荷值，介于 0.438~0.889 之间。

一级指标"教师劳动教育条件与能力"对应矩阵中的成分 2，VAR16—VAR26 各因素的载荷值均大于 0.5，介于 0.743~0.889 之间，各因素与因子之间的归属关系排列整齐，结构效度较好。

一级指标"学校劳动教育条件保障与实践"对应矩阵中的成分 3，各因素的载荷值均远大于 0.5，介于 0.858~0.954 之间，各因素与因子之间的归属关系排列整齐，结构效度较好。

综上分析，经过两轮专家意见咨询修订后的新时代大中小学劳动教育评价体系结构性良好，具有良好的结构效度。

表7-6 调查问卷探索性因素分析数据统计表（旋转后）

旋转后的成分矩阵 a	成分		
—	1	2	3
VAR00001	0.346	0.796	0.216
VAR00002	0.209	0.861	0.213
VAR00003	0.228	0.803	0.192
VAR00004	0.044	0.887	0.270
VAR00005	−0.006	0.889	0.160
VAR00006	−0.182	0.849	0.223
VAR00007	0.095	0.860	0.221
VAR00008	−0.074	0.782	0.260
VAR00009	0.479	0.623	0.259
VAR00010	0.440	0.512	0.202
VAR00011	0.451	0.550	0.241
VAR00012	0.092	0.469	0.188
VAR00013	0.250	0.438	−0.002
VAR00014	0.366	0.532	0.103
VAR00015	−0.034	0.681	−0.010
VAR00016	0.889	0.108	0.023
VAR00017	0.877	0.123	0.011
VAR00018	0.805	0.030	−0.172
VAR00019	0.799	−0.137	−0.190
VAR00020	0.797	−0.004	−0.065
VAR00021	0.816	−0.018	0.008
VAR00022	0.743	0.228	0.012
VAR00023	0.791	0.142	0.140
VAR00024	0.776	0.232	0.143
VAR00025	0.862	0.184	−0.067
VAR00026	0.806	0.294	0.073

旋转后的成分矩阵 a	成分		
VAR00027	0. 235	0. 191	0. 858
VAR00028	0. 093	0. 271	0. 910
VAR00029	0. 054	0. 156	0. 949
VAR00030	−0. 171	0. 299	0. 861
VAR00031	0. 002	0. 156	0. 954
VAR00032	−0. 102	0. 153	0. 949
VAR00033	−0. 107	0. 294	0. 902
VAR00034	−0. 026	0. 252	0. 915
提取方法：主成分分析法 旋转方法：凯撒正态化最大方差法			
a. 旋转在 5 次迭代后已收敛			

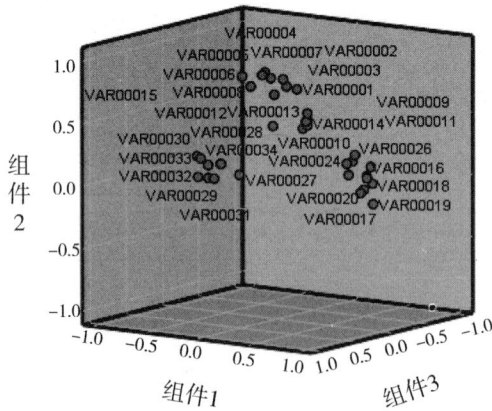

图7-2　旋转后的空间中的组件图

第八章

新时代大中小学劳动教育评价指标权重体系构建

新时代大中小学劳动教育评价指标体系除包含各级指标和观测点外，还要对其权重进行研究，以期在实际运用中更具有操作性。

第一节　研究目的

在专家意见咨询基础上开展了评价指标体系的信效度分析，初步构建了比较完善的新时代大中小学劳动教育评价指标体系。在 3 个一级指标，10 个二级指标、34 个三级指标以及 91 个观测点中，其各自的重要程度不尽相同，这就需要对新时代大中小学劳动教育评价指标进行权重确定。本研究采用专家排序的研究方法构建新时代大中小学劳动教育评价指标的权重体系。

第二节　研究方法

本研究团队向专家发放了《新时代大中小学劳动教育评价指标权重体系构建调查问卷》〔见附录一（5）〕共 12 份，收回 12 份，问卷回收率为 100%。

通过获取不同专家对各指标的重要程度和作用大小进行排序的意见，再进行集中统计计算，进而得出最终权重指数。在实际操作中，专家认为最重要的指标排第一位，记为"1"，第二重要的指标排第二位，记为"2"，……。权重的计算公式为：$a_j = 2 [m(1+n) - R_j] / [mn(1+n)]$。在这当中，"n"代表指标的数量，"m"代表参与问卷的专家的数量，"Rj"代表第 j 个指标的各专家排序计数之和（秩和)[①]。

第三节　各级指标权重专家意见统计表[②]

本研究，各级指标权重专家意见统计表见表 8-1、表 8-2 、表 8-3、表 8-4。

表 8-1　一级指标重要程度专家意见统计表

专家序号	指标项目		
一	学生劳动素养	教师劳动教育 条件与能力	学校劳动教育条件 保障与实践
1	1	3	2
2	1	2	3
3	1	3	2
4	3	2	1
5	1	3	2
6	2	1	3
7	1	3	2
8	1	2	3
9	2	1	3
10	1	3	2
11	2	1	3

[①] 崔峻山 ."专家排序法"的简化及应用［J］. 教育科学研究，1993（5）：35-36.

[②] 仅列一级、二级指标情况。

专家序号	指标项目		
12	1	3	2
秩和 Rj	17	27	28
aj	0.431	0.292	0.278

表8-2 学生劳动素养一级指标下各二级指标
重要程度专家意见统计表

专家序号	指标项目			
一	劳动价值观	劳动情感与品质	劳动知识与技能	劳动实践习惯
1	1	4	2	3
2	1	3	4	2
3	4	1	2	3
4	4	1	3	2
5	1	4	2	3
6	1	3	4	2
7	2	1	4	3
8	1	4	2	3
9	4	2	1	3
10	1	3	2	4
11	2	1	4	3
12	1	2	3	4
秩和 Rj	23	29	33	35
aj	0.308	0.258	0.225	0.208

表8-3 教师劳动教育条件与能力一级指标下各二级指标

重要性程度专家意见统计表

专家序号	指标项目		
一	教师劳动素养	劳动教育意识	劳动教育与教学能力
1	2	3	1
2	2	3	1
3	2	3	1
4	3	2	1
5	1	3	2
6	2	1	3
7	3	2	1
8	2	3	1
9	1	3	2
10	1	2	3
11	2	3	1
12	3	2	1
秩和 Rj	24	30	18
aj	0.333	0.25	0.417

表8-4 学校劳动教育条件保障与实践一级指标下各二级指标

重要性程度专家意见统计表

专家序号	指标项目		
一	认知层面	保障层面	实践层面
1	1	3	2
2	3	1	2
3	1	3	2
4	3	2	1
5	2	1	3
6	3	1	2

专家序号	指标项目		
7	2	1	3
8	1	3	2
9	1	2	3
10	3	2	1
11	3	1	2
12	1	3	2
秩和 Rj	24	23	25
aj	0.333	0.347	0.319

第四节　不同层级指标权重分配结果分析

一、一级指标权重分配结果

根据表 8-5 结果统计可知，本研究的 3 项一级指标的权重排序依次为"学生劳动素养（0.431）""教师劳动教育条件与能力（0.292）""学校劳动教育条件保障与实践（0.278）"。

表 8-5　一级指标权重排序表

一级指标	同级指标权重	相对权重	排序
学生劳动素养	0.431	0.431	1
教师劳动教育条件与能力	0.292	0.292	2
学校劳动教育条件保障与实践	0.278	0.278	3
整体	1	1	

二、二级指标权重分配结果

根据表 8-6 结果统计可知，本研究的 10 项二级指标在同级的权重排序如下：

"学生劳动素养"指标下，由高至低依序为"劳动价值观（0.308）""劳动情感与品质（0.258）""劳动知识与技能（0.225）""劳动实践习惯（0.208）"；"教师劳动教育条件与能力"指标下，由高至低依序为"劳动教育与教学能力（0.417）""教师劳动素养（0.333）""劳动教育意识（0.250）"；"学校劳动教育条件保障与实践"指标下，由高至低依序为"保障层面（0.347）""认知层面（0.333）""实践层面（0.319）"。经上述同层级权重排序分析后，对二级指标的相对权重进行了分析，确定了10项二级指标的相对权重值及其排序、同层级权重值及其排序，具体如表8-6所示。

表8-6 二级指标权重排序

二级指标	同级指标权重	排序	相对权重	排序
劳动价值观	0.308	6	0.133	1
劳动情感与品质	0.258	7	0.111	3
劳动知识与技能	0.225	9	0.096	5
劳动实践习惯	0.208	10	0.090	8
教师劳动素养	0.333	3	0.097	4
劳动教育意识	0.250	8	0.073	10
劳动教育与教学能力	0.417	1	0.122	2
认知层面	0.333	3	0.093	7
保障层面	0.347	2	0.095	6
实践层面	0.319	5	0.089	9
整体			1	

三、三级指标权重分配结果

根据表8-7结果统计可知，本研究34项三级指标在同层级的权重排序如下："劳动价值观"二级指标下，由高至低依序为"劳动的社会价值认知（0.389）""劳动的个人价值认知（0.347）""劳动的人类价值认知（0.264）"；"劳动情感与品质"指标下，由高至低依序为"劳动专注度（0.278）""劳动诚实度（0.211）""劳动崇敬度（0.189）""劳动喜爱度（0.167）"；"劳动知识与技能"指标下，由高至低依序为"日常劳动知识知晓度（0.275）""日常劳动操作熟练度（0.275）""创新性劳动能力（0.242）""非日常劳动知识与技能掌握情况（0.208）"；"劳动实践习惯"指标下，由高至低依序为"日常劳动实践参与情况（0.431）""服务性劳动实践（公益志愿活动）参与情况（0.306）""生产性劳动实践（创新性活动）参与情况（0.264）"；"教师劳动素养"指标下，由高至低依序为"教师劳动价值观（0.358）""教师劳动情感与品质（0.235）""教师劳动知识与技能（0.233）""教师劳动实践习惯（0.183）"；"教师劳动教育意识"指标下，由高至低依序为"劳动地位认知情况（0.403）""学生劳动素养的价值认知（0.347）""开展劳动教育的主动性（0.250）"；"劳动教育与教学能力"指标下，由高至低依序为"劳动教育目标认知情况（0.425）""劳动教育的教学能力（0.292）""劳动教育技能掌握情况（0.250）""劳动教育专业知识认知情况（0.200）"；"认知层面"指标下，由高至低依序为"管理人员的认识（0.583）""办学思想（0.417）"；"保障层面"指标下，由高至低依序为"物质保障（0.389）""制度保障（0.347）""文化保障（0.264）"；"实践层面"指标下，由高至低依序为"劳动课程（0.403）""活动（非课程）（0.375）""特色工作（0.222）"。经上述同层级权重比例分析后，进行整体三级指标的相对权重分析，确定34项三级指标的相对权重值、同层级权重值，具体排列顺序如下表所示。

表8-7　三级指标权重排序表

三级指标	同级指标权重	排序	相对权重	排序
劳动的个人价值认知	0.347	11	0.0462	4
劳动的社会价值认知	0.389	7	0.0517	3
劳动的人类价值认知	0.264	19	0.0351	10
劳动喜爱度	0.167	33	0.0185	31
劳动崇敬度	0.189	31	0.0210	28
劳动专注度	0.278	16	0.0309	14
劳动忍耐度	0.156	34	0.0173	34
劳动诚实度	0.211	29	0.0234	24

续表

三级指标	同级指标权重	排序	相对权重	排序
日常劳动知识知晓度	0.275	17	0.0264	18
日常劳动操作熟练度	0.275	17	0.0264	18
非日常劳动知识与技能掌握情况	0.208	30	0.0200	29
创新性劳动能力	0.242	25	0.0232	25
日常劳动实践参与情况	0.431	2	0.0388	5
服务性劳动实践（公益志愿活动）参与情况	0.306	14	0.0275	17
生产性劳动实践（创新性活动）参与情况	0.264	19	0.0238	23
教师劳动价值观	0.358	10	0.0347	11
教师劳动情感与品质	0.235	26	0.0228	26
教师劳动知识与技能	0.233	27	0.0226	27
教师劳动实践习惯	0.183	32	0.0178	33
"劳动"地位认知情况	0.403	5	0.0294	16
学生劳动素养的价值认知	0.347	11	0.0253	20
开展劳动教育的主动性	0.250	22	0.0183	32
劳动教育专业知识认知情况	0.200	22	0.0244	22
劳动教育技能掌握情况	0.250	22	0.0305	15
劳动教育目标认知情况	0.425	3	0.0519	2
劳动教育的教学能力	0.292	15	0.0356	9
办学思想	0.417	4	0.0388	5
管理人员的认识	0.583	1	0.0542	1
物质保障	0.389	7	0.0370	7
制度保障	0.347	11	0.0330	13
文化保障	0.264	19	0.0251	21
劳动课程	0.403	5	0.0359	8
活动（非课程）	0.375	9	0.0334	12
特色工作	0.222	28	0.0198	30

三级指标	同级指标权重	排序	相对权重	排序
整体			1	

第五节　新时代大中小学劳动教育评价指标权重体系层级架构

　　根据专家的意见，在以上数据基础上形成"新时代大中小学劳动教育评价指标相对权重体系层级架构图"，如图 8-1 所示。

劳动 价值观
0.133
┈ 劳动的个人价值认知0.0462
　 劳动的社会价值认知0.0517
　 劳动的人类价值认知0.0351

劳动情感与品质
0.111
┈ 喜爱度0.0185　诚实度0.0173
　 崇敬度0.0210　忍耐度0.0234
　 专注度0.0309

学生
劳动
素养
0.431

劳动知识与技能
0.096
┈ 日常劳动知识知晓度0.0264
　 日常劳动操作熟练度0.0264
　 非日常劳动知识与技能掌握情况0.020
　 创新性劳动能力0.0232

劳动实践与习惯
0.090
┈ 日常劳动实践参与情况0.0388
　 服务性劳动实践参与情况0.0275
　 生产性劳动实践参与情况0.0238

新时代大中小学劳动教育评价指标体系

教师劳动素养
0.097
┈ 劳动价值观0.0347
　 劳动情感与品质0.0228
　 劳动知识与技能0.0226
　 劳动实践习惯0.0178

教师
劳动
教育
条件
与能
力
0.292

劳动教育意识
0.073
┈ "劳育"地位认知情况0.0294
　 学生劳动素养的认知价值0.0253
　 开展劳动教育的主动性0.0183

劳动教育与教学能力
0.122
┈ 劳动教育专业知识认知情况0.0244
　 劳动教育技能掌握情况0.0305
　 劳动教育目标认知情况0.0519
　 劳动教育的教学能力0.0356

认识层面
0.093
┈ 办学思想0.0388
　 管理人员的认识0.0542

学校
劳动
教育
条件
保障
与实
践
0.278

保障层面
0.095
┈ 物质保障0.0370
　 制度保障0.0330
　 文化保障0.0251

实践层面
0.089
┈ 劳动课程0.0359
　 活动（非课程）0.0334
　 特色工作0.0198

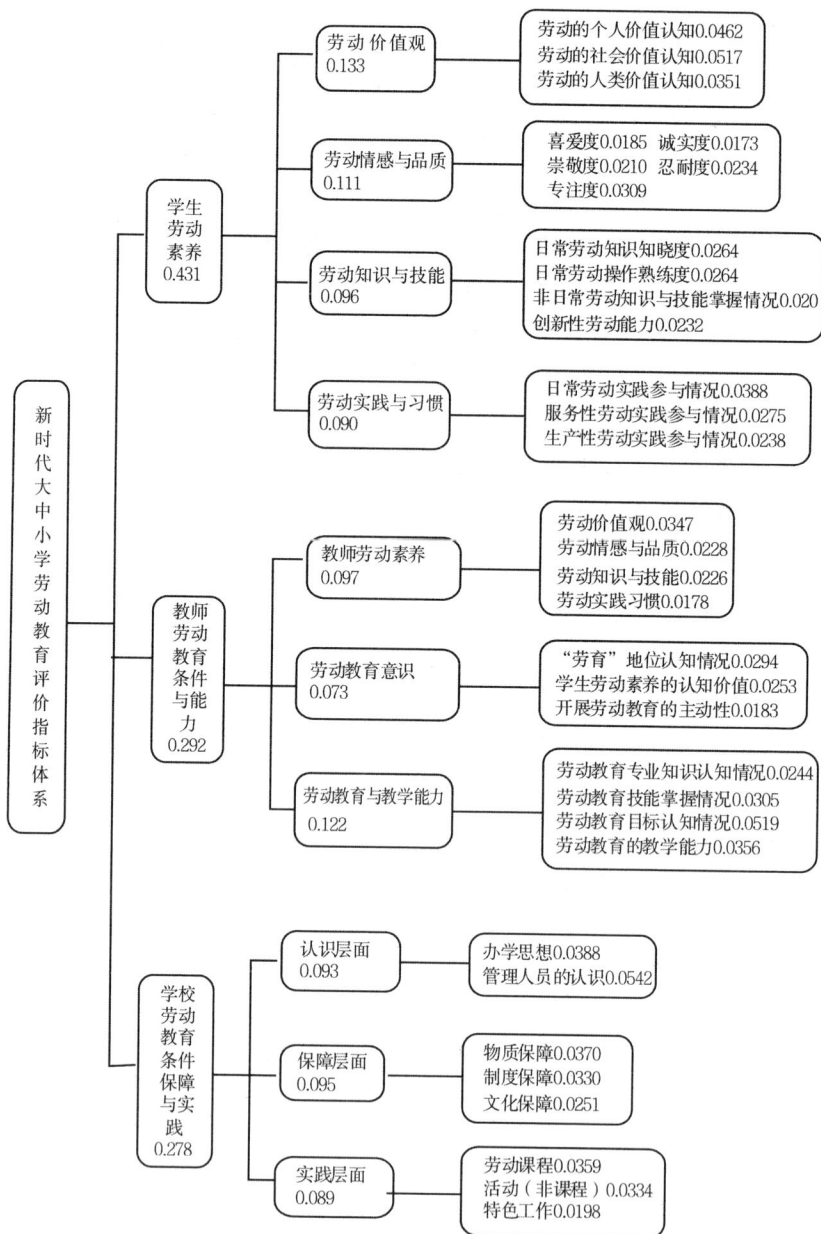

图8-1　新时代大中小学劳动教育评价指标相对权重体系层级架构图

第九章

学校劳动教育评价研究的实践反思

本团队在相关文献和政策精神研究基础上，初步构建了新时代大中小学劳动教育评价指标体系。在充分吸收两轮专家意见基础上，修正了初步构建的新时代大中小学劳动教育评价指标体系。在此基础上，通过问卷方式进行一定范围的调查，并根据调查数据进行了内部一致性检验和探索性因子分析，证明了本指标体系的信度和效度。本研究还运用了专家排序法，确定了各指标的权重分布，构建了新时代大中小学劳动教育评价指标的权重体系。

第一节　学校劳动教育实施与评价要略

一、运用系统思维，构建新时代学校劳动教育工作新格局

2019 年 10 月中共中央、国务院印发的《新时代公民道德建设实施纲要》强调"开展社会实践活动，强化劳动精神、劳动观念教育，引导学生热爱劳动、尊重劳动，懂得劳动最光荣、劳动最崇高、劳动最伟大、劳动最美丽的道理"①。这为学校开展劳动教育指明了方向，也对劳动教育的目标提出了更高的要求。劳动教育与一般的知识教育有着本质的区别，也有别于纯粹的技能教育，其核心和关键是开展劳动价值观教育，以及劳动情感品质的教育。劳动教育目标的多维性决定了劳动教育需要综合运用多种教育力量，采用丰

---

① 中共中央办公厅　国务院办公厅印发《新时代公民道德建设实施纲要》［EB/OL］. 新华网，2019-10-27.

富的教育教学手段与方法，以实现劳动教育过程的完整。现实劳动教育工作中系统统筹的缺乏和机制的僵化等问题使得劳动教育难以取得令人满意的实质性成效，劳动教育的复杂性要求系统思维科学运用。

（一）系统思维与学校劳动教育的契合性

现实中，大多数学校的劳动教育还没有形成全面、立体、高效的工作机制，往往把劳动教育仅仅局限在开展一些劳动活动上，忽略了劳动教育其他目标；在劳动教育工作中采用的手段与方式方法较为单一；学校各种劳动教育资源的统筹协调不够；劳动教育主体力量合理不足；劳动教育的顶层设计缺乏或不科学。化解这些问题离不开系统思维的支撑。

1. 系统思维与学校劳动教育。系统论是研究系统的一般模式、结构和规律的学问。系统思维是基于系统论基础上形成的一种思维模式，它强调在对待思维对象时避免平面和线性的简单性，而着眼于整体性与立体性，同时充分关照其普遍联系与变化发展的辩证特性，运用系统思维整体把握思维对象，深入考察系统内部要素的辩证关系以及系统与外在环境之间的辩证关系。有学者认为，系统思维就是把所要分析的目标作为系统来观察和研究的思维模式，强调在分析、研究事物过程中，既要把握事物的整体性又要注重其相对独立性，既重视其内部诸要素的联系与区别，又强调系统与外在环境的联系，从而达到全方位、立体化把握事物的本质和特性①。

学校劳动教育作为一个系统，其要素可以包括学校劳动教育工作者、学生、学校教育环境三个实体，同时还应包含媒介要素，即劳动教育的目的、内容、手段方法和实际教育教学活动等。不仅如此，在学校劳动教育这个大系统内部包含的诸多要素本身又成为一个个复杂的系统。之所以说运用系统思维是搞好劳动教育的不二选择，缘于劳动素养的系统性和劳动教育构成要件的整体性。

2. 劳动素养的系统性特征。学生的劳动素养的提升是学校劳动教育的目标，对劳动素养形成全面科学深刻的认知是开展劳动教育的前提逻辑。劳动素养作为劳动教育的一个子系统，有其自身独立的结构模型。依据心理学

---

① 王亚煦，林逢春，徐超，等．基于系统思维的理工科高校实践育人路径探究［J］．系统科学学报，2021（1）：128-131.

"知、情、意、行"四个范畴，可以对劳动素养进行四个要素的区分，分别是劳动价值观、劳动情感品质、劳动知识技能、劳动实践习惯，这四个要素从内到外逐层展开、互相影响①。劳动价值观在整个劳动素养中处于系统的最核心层面，地位最重要，对其他劳动素养的维度发生实质性影响，同时劳动素养其他维度的存在也对劳动价值观的形成产生一定的影响。各个劳动素养维度之间都有着相互联系、相互影响的关系，呈现出典型的系统性特征。学校开展劳动教育应当对这四个要素都有关照，并注重发挥其之间的相互作用关系。在学校劳动教育顶层设计上应当有鲜明的劳动素养系统性特征的认知体现，并能在具体的劳动教育计划或活动设计中得到充分落实。

3. 学校劳动教育构成要件的整体性。在当前"大思政"与"三全育人"思想政治教育格局下，有研究者对思想政治教育的构成要件从系统论的视角展开了研究，认为在思想政治教育系统中除了存在着思想政治教育主体与思想政治教育客体两个明确的要素外，还存在教育支点与教育场域两个要素②。教育支点与教育场域这两个范畴同样适用劳动教育。学校劳动教育作为一个系统除了教师和学生这两个主、客体外，也包含着劳动教育的支点和劳动教育的场域。劳动教育的支点要素在整个劳动教育过程中发挥着纽带作用，反映着劳动教育的本质规律，为劳动教育的主体与客体的教育互动形成支撑。劳动教育的场域不仅指教室、课堂等具体教育教学场所，还包括更多的生活化、情境化场景。

在劳动教育的要素构成中，主客体要素是基础，形成一条主线贯穿于整个劳动教育过程中。主客体要素与劳动教育支点要素以及劳动教育场域要素一起构成劳动教育的整体，这个整体的系统构建和科学运行决定劳动教育良好效果的产生。

（二）以劳动价值观教育统领整个劳动教育

马克思主义劳动思想是开展劳动教育工作需要遵循的指导思想，马克思主义劳动价值观教育是劳动教育的核心。

---

① 余江舟. 新时代劳动素养的四重维度 [J]. 中国高度教育，2021 (Z2)：53-55.
② 高德胜，张耀灿. 整体性视角下思想政治教育构成要件研究 [J]. 马克思主义与现实，2020 (2)：181-186.

1. 劳动价值观教育的理论与现实依据。劳动价值观是人的人生观、价值观、世界观在劳动实践行为中的价值取向，是对待劳动的根本价值判断准则。劳动价值观在劳动素养的四个维度构建中处于最核心地位，其影响作用也是最深远的。改革开放后，一些多元价值观在部分人的思想中存在，受其影响，劳动价值观也出现多元化。首先，部分青少年劳动对富二代、娱乐明星充满崇拜之情，而对劳动人民缺乏应有的感情。在具体表现上，他们劳动主动性弱化，不把劳动当作一件光荣的事来看待。其次，他们在处理劳动社会关系过程中受西方自由主义、个人主义思潮的影响，往往只关注自身利益、没有把集体利益和服务社会放到应有的地位上。最后，他们不能充分认识劳动对于成就人的存在价值。功利化明显，只关注薪资福利和工作条件，而看不到劳动对人的成长意义。应该说，这些问题充分反映了我们劳动教育虚化、弱化、软化等问题。

习近平总书记关于劳动问题的重要论述是马克思主义劳动思想中国化的最新成果。习近平总书记劳动价值观充分回应了新时代的要求，阐述了劳动态度、劳动模范、劳模精神在中国特色社会主义事业中的重要作用，深刻揭示了劳动的创造本质，是我们开展劳动教育工作的最根本遵循。习近平总书记多次强调要弘扬劳模精神、劳动精神、工匠精神，从而为实现中国梦提供"劳动托起中国梦"的价值引领。

2. 劳动价值观教育的着力点。知恩感恩意识让人明白"我应该劳动"。知恩感恩意识是一项重要的传统美德，也是思想政治教育的重要内容。知恩感恩意识包括知恩和感恩两个层面，知恩是认知过程，感恩是基于知恩认知基础上的实际行动过程。从心理学角度理解，知恩是对自己所接受的馈赠而感激的心理倾向，感恩则是在此基础上萌发的给予回报的心理倾向。青少年只有先感知到父母和老师的养育与教诲之恩，并进而懂得所有这些恩惠都来自人的辛勤劳动，才会因为有了感激之情而做出实际劳动行为，也才会明白"我应该劳动!"

责任担当意识让人感叹"我必须劳动"。如果说知恩感恩意识可以使人萌发"我应该劳动"的想法，那么责任担当意识则能促使人做出实际的劳动行为，让人感叹"我必须劳动"。不仅如此，在人没有实现全面自由解放的前提下，劳动的过程往往伴随着克服一定身心困难的过程，这个过程需要精神意志的力量来完成，责任担当意识恰恰可以为人提供这种精神力量支撑。责任担当意识具有自主性特点，既是人内在精神世界的有意识的思想活动，也转化为现实中的自觉活动，从这一点上来说，它和劳动具有相通性。劳动是人实践的重要形式，实践是人发挥主观能动性的过程。开展责任担当意识教育的关键是对受教育者进行角色培养和转化的工作，让广大青少年明确自己在新时代中国特色社会主义建设中的历史地位，增强其"被需要"感，强化自我身份的认同感。

创新创业意识让人知晓"我如此劳动"。创新创业意识与劳动教育之间的联系较之知恩感恩意识、责任担当意识与劳动教育之间的联系更加深刻，也更具哲学意蕴，不仅让人明白为什么要劳动，还让人知晓如何劳动。马克思主义认为，人类劳动是人的自由自觉的创造性活动，这是人与动物的本质区别所在。现实实践中的劳动教育和创新创业意识的分离表现在两方面。一方面，在劳动教育过程中对创新创业意识关照不够，没有意识到劳动的本质和创新创业之间内在的必然联系，同时也是对时代要求的回应不够。另一方面，在创新创业教育中忽视了劳动教育。创新创业教育的最终目标是让受教育者能开展实际的创新创业活动，这个活动的过程也是劳动的过程。忽视劳动教育的创新创业教育大有纸上谈兵之嫌。

（三）实现"三个课堂"的相溶互通

从广义上说，学校劳动教育课堂包含三个种类：具有典型传统课堂特征的第一课堂、以校园文化为核心的第二课堂以及以家庭与社会为场域的第三课堂。这三个课堂不可割裂，要相溶互通才能形成教育合力。劳动素养的获取不同于一般知识与信息的获取那么简单，它不仅涉及知识技能层面，还需要价值与情感层面的支撑，而且还需要表现在实际行动中。劳动素养的提升是一项系统复杂工作，需要有明确的价值指引，需要在劳动教育课堂内外同时发力，需要家庭、学校和社会三管齐下，需要和其他教育工作进行合理结合。

1. 规范劳动教育第一课堂。直接相关或联系紧密的理论课程可以分为三类。第一个就是专门的劳动理论课。由于人类的生产生活的各领域都和劳动相关，因此，劳动具有广泛性、复杂性和全面性特征。与劳动相关的学科就有很多，如劳动哲学、劳动伦理学、劳动管理学、劳动安全学、劳动法学等，这些学科都可以成为劳动理论课的教学内容。与劳动教育直接相关的第二个理论课程是思想政治理论课。在思政理论课教学中，需要有意识、有计划地贯彻马克思主义劳动价值观教育，并着力培养学生健康的劳动情感和以"奋斗、诚实、创新"为内核的高尚的劳动精神品格。与劳动教育直接相关的第三个理论课程是部分实践性强的专业课程。这类课程的教学应该强化学生动手能力，避免单纯的理论教学。这三类课堂是传统意义上的课堂，被认为是第一课堂，对这些课堂加以规范是搞好劳动教育的基础。

2. 丰富劳动教育第二课堂。劳动素养具有综合性与复杂性，这就决定了通过单一手段不可能有明显成效。劳动素养中的深层次内涵需要通过校园文化的熏染才能获得。校园文化是一个学校长期积淀而成的精神特质，对学生熏陶和影响的作用不可忽视，其潜移默化作用具有不可替代性质。另外，校园文化具有杂糅性特征，可以很好地整合劳动教育资源，从而发挥整体性育人作用。在实践层面上实现劳动教育与校园文化相结合需要举办丰富的以劳动教育为专题的校园文化活动，如开展劳动主题演讲、探寻劳动模范、致敬大国工匠等校园文化活动。此外，在一些非劳动教育主题的校园文化活动中有意识融入劳动教育，通过多种多样的文化活动倡导高尚的劳动精神，传递正确劳动价值观。

3. 夯实劳动教育第三课堂。劳动实践除了有助于提升劳动技能，养成良好劳动习惯外，也能帮助学生体会劳动的艰辛，感知劳动的快乐，增加劳动情感的培养。一定程度上还可以培养他们热爱劳动和劳动人民的优良品质。就目前来说，许多学校的劳动实践课程多侧重于对学生具体劳动技能的培养。劳动教育第三课堂的着力点主要在社会实践服务和志愿服务以及家庭劳动实践三方面。把劳动教育融入社会实践和志愿服务活动中可以使得实践和志愿服务的成果更加具体，从而增强实践和志愿服务的成就感。此外，通过社会实践和志愿服务形式参加的劳动更能激发学生尊重别人劳动和热爱劳动的真挚情感。实现劳动教育与社会实践和志愿服务相结合，要加大社会实践育人的比重并积极引领学生参与志愿服务，强化学生责任担当意识和奉献精神的培育。家庭作为学生生活的主要场所，自然应该成为开展劳动实践的重要"课堂"。

（四）打造"思政塑型·学科锻造·实践淬炼"劳动教育模式

铸造一把宝剑需要经历塑型、锻造和淬炼三个环节。学校始终围绕劳动教育的目标，系统构建"思政塑型·学科锻造·实践淬炼"劳动教育模式是学校做好劳动教育顶层设计的首要任务，也是实现劳动教育过程完整性的必然要求。

1. 思政塑型。在劳动价值观与劳动情感品质中包含着辛勤劳动精神品质、诚实劳动精神品质、创造性劳动精神品质。思想政治教育对劳动教育的作用主要体现在劳动价值观、劳动情感和三种劳动精神品格培育上。"思政塑型"是要解决培养什么人问题，对培养的人才从根本上予以规制和定型。

目前，我国思想政治教育已构建了全方位、多形式的立体格局，在传统思想政治教育模式基础上构建大思政教育格局。这些都应成为发挥劳动教育中思政引领作用的重要阵地。在这些阵地中，思政课程始终发挥着主渠道作用。建立不同思政课程的不同劳动教育作用发挥机制十分关键。如充分利用"马克思主义基本原理"课程帮助学生形成有关劳动的正确理论与价值认知，利用"中国近现代史纲要"等课程强化学生对劳动精神的高度情感认同等。此外，在其他思想政治教育过程中，凸显不怕吃苦的奋斗精神、诚实奉献品质、敢于创造意识以及热爱劳动与尊重劳动习惯等教育目标的地位，从而实现劳动教育中思政引领力的强化和实化。

2. 学科锻造。新时代的劳动者除了拥有正确劳动价值观和良好的劳动精神品格以及日常劳动知识与技能外，还应具备专业的劳动知识和技能，以服务现代化建设。专业锻造就是实现练就扎实专业技能和过硬劳动本领的过程。

首先，在人才培养方案制定过程中要把培养社会主义建设者和劳动者这一目标贯彻始终，把提升人才的劳动素养和劳动精神融入专业与学科教育教学过程中。其次，要注重教师劳动教育意识和能力的全面提升，改变专业与学科教师紧紧围绕专业与学科知识的讲授，教育教学工作止于纸面的状况。再次，充分发挥课程思政建设的作用，在专业与学科教学中不忘激发学生的自觉劳动意识，培养学生的朴实劳动情感，提升学生的扎实劳动技能。最后，在人才培养过程中，抓实抓牢实习教学环节，切实增强学生的动手能力。

3. 实践淬炼。完整的劳动教育过程离不开实践淬炼这一环节。虽然在思政课程、专业课程以及劳动课程中也有相应实践教学环节，但在三全育人和大思政教育格局等教育理念指引下，系统构建劳动教育的实践体系才能实现劳动教育环节的完美闭环。学生在相关劳动实践中不仅可以学到更多劳动知识和技能，也能体会到因劳动而收获价值的情感愉悦，还能有助于其养成良好劳动实践习惯和确立正确的劳动价值观。

就与劳动教育相关的实践类型来说，主要包括专业课程实践、思政课程实践、劳动课程实践、社会志愿服务实践和校园文化实践五方面。除强化三个课程的实践外，还应把劳动教育融入社会实践和志愿服务实践中，通过这样形式的劳动实践更能激发学生尊重别人劳动和热爱劳动的真挚情感，并能强化学生责任担当意识和奉献精神的培育。同时，要积极引导学生参加校园文化实践活动，使其劳动素养在校园文化的熏陶中提升。发挥校园文化能够很好地整合劳动教育资源的作用，实现劳动教育上的以文化人、以文育人。

二、学校劳动教育评价要略

（一）整体视角

评价一个学校的劳动教育工作，不应只从学生的劳动素养这个单一维度进行。学校的劳动教育环境与实践也是重要的一个方面。与此同时，教师的劳动教育条件与能力也是关键的一个维度。评价学校劳动教育既要评价其条件保障，也要评价其开展的过程状况，最后才是评价学校劳动教育的效果（学生劳动素养状况）。由于劳动教育的本质在于提升学生劳动素养，因此，学生劳动素养的权重占比在学校劳动教育评价过程中理应最高。在本研究中，学生劳动素养权重占比为0.431，这说明评价学生劳动素养状况是评价体系的核心和重点。

然而，学生劳动素养的形成是一个历史动态的过程。学生之间劳动素养的差异不单一是一个学校劳动教育的因素影响的，还受到家庭、社会以及该学生在上一个学校接受劳动教育状况的差异等综合因素的影响。因此，在评价一个学校劳动教育效果时，样本的选择应该是中高年级的学生。因为只有是在一个学校接受了一定时间的劳动教育后，才能说明该学校的劳动教育发生了作用，从而引起相应效果。

（二）学生维度

学生劳动素养的提升及其效果评价应以劳动价值观为核心。劳动价值观是一个人的人生观、价值观、世界观在劳动实践认知和行为中表现出来的价值取向，是一个人对待劳动的根本价值判断准则。在劳动素养的整体结构中，劳动价值观处于最核心位置，对劳动素养的其他维度形成根本性影响，其权重也应该最高。在本研究中，劳动价值观的权重占比最高，为0.308。

现实中，许多学校开展的劳动教育层次较浅，对劳动价值观重要性的关照度不够，这就需要学校在整个劳动教育中，把劳动价值观教育贯穿于整个劳动教育过程中，在劳动情感品质、劳动知识技能、劳动实践习惯教育过程中对劳动观教育给予充分关照。学校在劳动教育的制度设计和活动安排中处处都要体现劳动价值观的地位。劳动价值观教育离不开主体、行为与环境三者之间有效联动，离不开劳动模范的示范引领，离不开受教育者的自我劳动实践与体验。正确劳动价值观的形成是在劳动知识技能、劳动情感品质、劳动实践等因素不断融合，不断巩固的基础上，在科学的理论指引下逐渐完成的。学校在进行劳动教育时，必须把正确的劳动价值观教育贯穿始终，坚持马克思主义关于劳动的价值基本观点，践行习近平总书记关于劳动的重要论述精神。劳动价值观培育具有复杂性，仅仅依靠语言的说教或者劳动技能的训练，难以达到确立正确劳动价值观的目的。

在评价方式上，要根据劳动素养不同维度的特点，采用多样化的方式，进行定量与定性评价相结合。对于劳动价值观和劳动情感品质等这样比较抽象的测评标的可以采用问卷形式，通过学生对题项的回答可以反映其劳动价值观状况；对于劳动技能这个维度，可以通过学生实际操作完成特定劳动任务，并进行视频录制，方便教师或专家评委进行评价；对于劳动知识，劳动习惯等可以通过比较直观的问题进行考量。

（三）教师维度

教师的劳动教育条件和能力的提升及其评价应以对劳动教育的认识和教学能力为主。"有什么样的老师就教出什么样学生""身教大于言传"等教育规律都说明了在教师开展劳动教育过程中，教师自身的劳动素养状况作用重要。尽管老师之间的劳动素养不尽相同，甚至个别差距较大，但由于教师都是成年人，其劳动素养的养成已相对稳定，整体差别不是很大。因此，就一个学校的教师劳动教育条件和能力提升来说，其关键点在于教师对劳动教育重要性的认知和劳动教育教学实际技能的掌握。

（四）学校维度

学校劳动教育条件保障与实践的子指标"认识层面""保障层面"和"实践层面"三方面的重要性相对均衡。就认识层面来说，一个学校对劳动教育的认知状况和重视程度首先反映在该学校的办学思想中，其次在于管理人员和教师的认知状况。认识不到位，其教育效果自然要大打折扣。就保障层面来说，由于劳动教育是一项复杂的综合性教育活动，对条件和环境等各方面的要求多，教育的主体也不能单一，资源的整合要求高，整个的条件保障重要性自然也就高。可以说，仅仅靠学校认识层面的重视无法达到理想的教育效果。就实践层面来说，劳动教育不同于一般的知识性课程教育，其较强的实践属性必然要求学校的劳动教育目标要通过大量卓有成效的教育实践活动才能实现。总之，不管是劳动教育的实践还是劳动教育的效果评价，认识、保障和实践都呈现出相对均衡的重要性。

三、学校劳动教育测评体系与办法（简易实操版）

附：学生劳动素养测评具体实施与使用办法

加强劳动教育是提高大中小学生综合素质的有效途径，教育部 2020 年 3 月 20 日中共中央、国务院印发的《关于全面加强新时代大中小学劳动教育的意见》，要求以习近平新时代中国特色社会主义思想为指导，坚持立德树人和培育和践行社会主义核心价值观，使劳动教育贯穿人才培养全过程，把劳动教育纳入中小学各个学段，融入家庭、学校和社会各方面，与德育、智育、体育、美育相融合。制定学生劳动素养评价实施办法，并将"劳动价值观""劳动情感与品质""劳动知识与技能"和"劳动实践习惯"等方面作为评价内容，旨在全面科学掌握学生的劳动素养状况。

1.学校劳动教育条件保障与实践测评体系与办法（教育管理部门使用）

一级指标	二级指标	测评标准	测评方式
1. 认识层面	1.1 办学思想	1. 办学指导思想对劳动教育关照 2. 学校重要制度文件对劳动教育关照良好 符合上述两项标准为 A；符合 1 为 B；符合 2 为 C；其余情形为 D	材料审核
	1.2 领导认识	1. 学校主要领导（书记、校长）对劳动教育重要性认识到位（相关政策与理论的了解、理解与认同） 2. 学校其他领导对劳动教育重要性认识到位（相关政策与理论的了解、理解与认同） 3. 学校领导层重视劳动教育的实际工作开展良好 符合上述三项标准为 A；符合其中两项为 B；符合其中一项为 C；其余情形为 D	1、2 访谈考查，3 材料审核
	1.3 其他教育工作者整体认识	1. 其他教育工作者对劳动教育的认知良好 2. 其他教育工作者对劳动教育的重视程度较高 符合上述两项标准为 A；符合 1 为 B；符合 2 为 C；其余情形为 D	1 通过访谈、问卷考查，2 材料审核
2. 保障层面	2.1 物质保障	1. 劳动教育资金投入充足 2. 劳动教育基础设施良好 3. 劳动教育师资配备到位 4. 劳动教育实践基地建设良好 符合上述三项标准为 A；符合其中两项为 B；符合其中一项为 C；其余情形为 D	1、3 审核，2、4 材料审核与实地考察
	2.2 制度保障	1. 有关劳动教育的制度建设完善 2. 劳动教育考核、评价与督导相关机制健全 3. 制度联动性与一贯性良好 4. 劳动教育运行机制顺畅度与资源整合度良好 符合上述三项标准为 A；符合其中两项为 B；符合其中一项为 C；其余情形为 D	1、2、3 材料审核，4 材料审核与实地考察

续表

一级指标	二级指标	测评标准	测评方式
2.保障层面	2.3 文化保障	1. 校园劳动教育文化氛围良好 2. 校园劳动文化氛围良好 符合上述两项标准为A;符合1为B;符合2为C;其余情形为D	材料审核与实地考察
3. 实践层面	3.1 劳动教育课程	1. 劳动教育课(包括实践课)开设与考核情况良好 2. 劳动教育教材使用与建设程度较高 3. 学生对课程的欢迎情况良好 4. 劳动教育融入其他课程(思政课除外)情况良好 5. 劳动教育融入思政治课情况良好 符合上述四项标准为A;符合1和其余标准中二至三项为B;符合其中二项为C;其余情形为D	1,2,4,5 材料审核,3 材料审核与实地问卷调查
	3.2 活动(非课程)	1. 开展劳动教育主题活动的频次较高 2. 开展劳动教育主题活动的类别较多 3. 劳动教育主题活动目标清晰度与完整度良好 4. 劳动教育融入校园其他文化活动情况良好 符合上述三项标准为A;符合其中二项为B;符合其中一项为C;其余情形为D	材料审核
	3.3 特色工作	1. 将劳动教育与学校、专业等特色结合情况良好 2. 将劳动教育与新技术、新载体相结合情况良好 3. 劳动教育科研、教研开展及运用情况良好 4. 劳动教育成果推广宣传情况良好 符合上述三项标准为A;符合其中两项为B;符合其中一项为C;其余情形为D	材料审核
测评结果		根据以上9项二级指标获得A的总数(用X表示),得出评测结果: X≥6,二级指标无C或D,结论为A;X≥4,且二级指标无D,结论为B;X≥2,结论为C;其余情形为D	

2. 教师劳动教育教学能力测评体系与办法（学校使用）

一级指标	二级指标	测评标准	测评方式
1. 教师劳动素养	1.1 教师劳动素养的劳动价值观维度	1. 劳动个人价值认知良好 2. 劳动社会价值认知良好 3. 劳动人类价值认知良好 符合上述三项标准为 A;符合其中两项为 B;符合其中一项为 C;其余情形为 D	问卷考查
	1.2 教师劳动素养的其他维度	1. 劳动情感品质良好 2. 劳动知识与技能（日常和教师专业劳动）良好 3. 劳动实践习惯（日常、服务性及教师专业劳动）良好 符合上述三项标准为 A;符合其中两项为 B;符合其中一项为 C;其余情形为 D	问卷考查
2. 劳动教育意识	2.1 "劳育"地位认知情况	1. "五育"并举政策认同情况 2. "劳育"与德智体美教育关系的认同情况 符合上述两项标准为 A;符合 1 为 B;符合 2 为 C;其余情形为 D	访谈考查
	2.2 学生劳动素养的价值认知	1. 学生劳动素养认识别意识较强 2. 学生劳动素养重要性认知良好 符合上述两项标准为 A;符合 1 为 B;符合 2 为 C;其余情形为 D	访谈考查
	2.3 开展劳动教育的主动性	1. 现实紧迫性感知明显 2. 情感驱动力较强 符合上述两项标准为 A;符合 1 为 B;符合 2 为 C;其余情形为 D	访谈考查
3. 劳动教育教学能力	3.1 劳动教育知识认知情况	1. 对当前我国劳动教育政策了解较好 2. 马克思主义理论相关认知掌握良好 3. 劳动教育相关理论知识掌握良好 符合上述三项标准为 A;符合其中两项为 B;符合其中一项为 C;其余情形为 D	问卷考查

续表

一级指标	二级指标	测评标准	测评方式
3. 劳动教育教学能力	3.2 劳动教育的教学能力与效果	1. 教学设计能力较强 2. 教学组织能力较强 3. 教学评价能力较强 4. 劳动教育的教学效果良好 符合上述三项标准为 A;符合其中两项为 B;符合其中一项为 C;其余情形为 D	1,2,3 听课评价,4 问卷测评
	3.3 劳动教育融入其他教育的情况	1. 非劳动教育中融入劳动教育的次数 2. 非劳动教育中融入劳动教育的效果 符合上述两项标准为 A;符合 1 为 B;符合 2 为 C;其余情形为 D	1 材料审核,2 问卷测评
测评结果		根据以上 8 项二级指标获得 A 的总数(用 X 表示),得出测评结果: X≥6,二级指标无 C 或 D,结论为 A;X≥4,且二级指标无 D,结论为 B;X≥2,结论为 C;其余情形为 D	

3. 小学生劳动素养测评体系与办法（教师使用）

一级指标	二级指标	测评标准	测评方式
1. 劳动价值观	1.1 劳动的个人价值认知	1. 人生观（劳动光荣与美丽存在感知度良好） 2. 人的实践存在本质感知较强 3. 知恩感恩意识较强 符合上述三项标准为 A;符合其中两项为 B;符合其中一项为 C;其余情形为 D	教师观察记录,问卷考查
	1.2 劳动的社会价值认知	1. 价值观（劳动崇高感知度良好） 2. 人的社会属性本质认知较强 3. 责任担当意识较强 符合上述三项标准为 A;符合其中两项为 B;符合其中一项为 C;其余情形为 D	教师观察记录,问卷考查
	1.3 劳动的人类价值认知	1. 世界观（劳动伟大感知度良好） 2. 创新与上进意识较强 符合上述两项标准为 A;符合 1 为 B;符合 2 为 C;其余情形为 D	教师观察记录,问卷考查
2. 劳动情感与品质	2.1 劳动喜爱度	1. 劳动接受情况（正反两个向度）良好 2. 劳动获得感情况良好 3. 劳动美体验情况良好 符合上述两项标准为 A;符合 1 为 B;符合 2 为 C;其余情形为 D	1 教师观察记录,2、3 问卷考查
	2.2 劳动崇敬度	1. 能够尊重劳动者 2. 能够尊重劳动成果 符合上述两项标准为 A;符合 1 为 B;符合 2 为 C;其余情形为 D	教师观察记录
	2.3 劳动专注度	1. 劳动的细致性品质良好 2. 劳动注意力集中度较高 3. 成就劳动目标欲望的强度较高	教师观察记录,问卷考查

续表

一级指标	二级指标	测评标准		测评方式
2.劳动情感与品质	2.4 劳动忍耐度	1. 劳动艰辛忍耐的强度较高 2. 劳动艰辛忍耐的时间长度较长	符合上述两项标准为 A;符合 1 为 B;符合 2 为 C;其余情形为 D	教师观察记录、问卷考查
	2.5 劳动诚实度	1. 劳动的诚实品质良好 2. 掌用别人劳动成果时的诚信态度良好	符合上述两项标准为 A;符合 1 为 B;符合 2 为 C;其余情形为 D	教师观察记录、问卷考查
3.劳动知识与技能	3.1 日常劳动知识知晓度	1. 日常劳动工具识别能力较好 2. 其他劳动常识掌握情况良好	符合上述两项标准为 A;符合其中一项为 C;其余情形为 D	试题测测试 (根据教育部《义务教育劳动课程标准》,不同学段测试题不同,不同地区试题不同)
	3.2 日常劳动操作熟练度	1. 家务劳动操作熟练度较高 2. 其他日常劳动操作熟练度较高	符合上述三项标准为 A;符合其中两项为 B;符合其中一项为 C;其余情形为 D	对学生实际操作评价(方式为现场的或视频录制,根据教育部《义务教育劳动课程标准》,不同学段测试题不同,不同地区测试题不同)
	3.3 非日常劳动知识与技能掌握情况	1. 个人长期专注的劳动知识掌握较好 2. 个人长期专注的劳动技能掌握较好	符合上述两项标准为 A;符合 1 为 B;符合 2 为 C;其余情形为 D	1. 材料审核

续表

一级指标	二级指标	测评标准	测评方式
3.劳动知识与技能	3.3 非日常劳动知识与技能掌握情况	符合上述两项标准为A;符合1为B;符合2为C;其余情形为D	2.对学生实际操作评价(现场的或视频录制)
3.劳动知识与技能	3.4 创新性劳动能力	1.创新性广度较高 2.创新性深度较深 符合上述两项标准为A;符合1为B;符合2为C;其余情形为D	问卷考察
4.劳动实践习惯	4.1 日常劳动实践参与情况	1.种类较多 2.频次较高 符合上述两项标准为A;符合1为B;符合2为C;其余情形为D	教师观察记录
	4.2 服务性劳动(公益志愿活动)参与情况	1.种类较多 2.频次较高 符合上述两项标准为A;符合1为B;符合2为C;其余情形为D	教师观察记录
	4.3 生产性劳动实践(创新性活动)情况	1.种类较多 2.频次较高 符合上述两项标准为A;符合1为B;符合2为C;其余情形为D	教师观察记录,材料审核
测评结果		根据以上15项二级指标获得A的总数(用X表示),得出测评结果:X≥10,二级指标无C或D,结论为A;X≥8,且二级指标无D,结论为B;X≥5,结论为C;其余情形为D	

4. 中学生劳动素养测评体系与办法（教师使用）

一级指标	二级指标	测评标准	测评方式
1. 劳动价值观	1.1 劳动的个人价值认知	1. 人生观（劳动光荣与美丽感知度好） 2. 人的实践存在本质感知强 3. 知恩感恩意识较强 符合上述三项标准为A；符合其中两项为B；符合其中一项为C；其余情形为D	教师观察记录，问卷考查
	1.2 劳动的社会价值认知	1. 价值观（劳动崇高感知度良好） 2. 人的社会属性意识强 3. 责任担当意识较强 符合上述三项标准为A；符合其中两项为B；符合其中一项为C；其余情形为D	教师观察记录，问卷考查
	1.3 劳动的人类价值认知	1. 世界观（劳动伟大感知度强） 2. 创新奋斗意识较强 符合上述两项标准为A；符合1为B；符合2为C；其余情形为D	教师观察记录，问卷考查
2. 劳动情感与品质	2.1 劳动喜爱度	1. 劳动接受情况（正反两个同度）良好 2. 劳动获得感情况良好 3. 劳动美体验情况良好 符合上述两项标准为A；符合1为B；符合2为C；其余情形为D	1 教师观察记录，2、3 问卷考查
	2.2 劳动崇敬度	1. 能够尊重劳动者 2. 能够尊重劳动成果 符合上述两项标准为A；符合1为B；符合2为C；其余情形为D	教师观察记录
	2.3 劳动专注度	1. 劳动的细致性品质良好 2. 劳动注意力集中度较高 3. 成就劳动目标欲望的强度较高	教师观察记录，问卷考查

续表

一级指标	二级指标	测评标准	测评方式
2. 劳动情感与品质	2.3 劳动专注度	符合上述两项标准为 A；符合 1 为 B；符合 2 为 C；其余情形为 D	教师观察记录，问卷考查
	2.4 劳动忍耐度	1. 劳动艰辛忍耐的强度较高 2. 劳动艰辛忍耐的时间长度较长 符合上述两项标准为 A；符合 1 为 B；符合 2 为 C；其余情形为 D	
	2.5 劳动诚实度	1. 劳动的产品质量良好 2. 掌用别人劳动成果时的诚信态度良好 符合上述两项标准为 A；符合 1 为 B；符合 2 为 C；其余情形为 D	教师观察记录，问卷考查
3. 劳动知识与技能	3.1 日常劳动知识知晓度	1. 日常劳动工具识别能力 2. 其他劳动常识 符合上述三项标准为 A；符合其中两项为 B；符合其中一项为 C；其余情形为 D	试题测试（根据教育部《义务教育劳动课程标准》，不同学段测试题不同，不同地区测试题不同）
	3.2 日常劳动操作熟练度	1. 家务劳动操作熟练度较高 2. 其他日常劳动操作熟练度较高 符合上述两项标准为 A；符合 1 为 B；符合 2 为 C；其余情形为 D	对学生实际操作评价（方式为现场或视频录制，根据教育部《义务教育劳动课程标准》，不同学段测试题不同，不同地区测试题不同）
	3.3 非日常劳动知识与技能掌握情况	1. 个人长期专注的劳动知识掌握较好 2. 个人长期专注的劳动技能掌握较好 符合上述两项标准为 A；符合 1 为 B；符合 2 为 C；其余情形为 D	1. 材料审核

续表

一级指标	二级指标	测评标准	测评方式
3.劳动知识与技能	3.3 非日常劳动知识与技能掌握情况	符合上述两项标准为 A;符合 1 为 B;符合 2 为 C;其余情形为 D	2. 对学生实际操作评价(现场或视频录制)
	3.4 创新性劳动能力	1. 创新性广度较高　2. 创新性深度较深 符合上述两项标准为 A;符合 1 为 B;符合 2 为 C;其余情形为 D	问卷考察
4. 劳动实践习惯	4.1 日常劳动实践参与情况	1. 种类较多　2. 频次较高 符合上述两项标准为 A;符合 1 为 B;符合 2 为 C;其余情形为 D	教师观察记录
	4.2 服务性劳动(公益)参与情况(志愿活动)	1. 种类较多　2. 频次较高 符合上述两项标准为 A;符合 1 为 B;符合 2 为 C;其余情形为 D	教师观察记录
	4.3 生产性劳动实践(创新性活动)参与情况	1. 种类较多　2. 频次较高 符合上述两项标准为 A;符合 1 为 B;符合 2 为 C;其余情形为 D	教师观察记录、材料审核
测评结果		根据以上 15 项二级指标获得 A 的总数(用 X 表示),得出测评结果: X≥10,二级指标无 C 或 D,结论为 A;X≥8,且二级指标无 D,结论为 B;X≥5,结论为 C;其余情形为 D	

6. 大学生劳动素养测评体系与办法（教师使用）

一级指标	二级指标	测评标准	测评方式
1. 劳动价值观	1.1 劳动的个人价值认知	1. 人生观（劳动光荣与美丽感知度良好） 2. 人的实践存在本质认知良好 3. 知恩感恩意识较强 符合上述三项标准为 A；符合其中两项为 B；符合其中一项为 C；其余情形为 D	问卷考查
	1.2 劳动的社会价值认知	1. 价值观（劳动崇高感知度良好） 2. 人的社会属性本质认知良好 3. 责任担当意识较强 符合上述三项标准为 A；符合其中两项为 B；符合其中一项为 C；其余情形为 D	问卷考查
	1.3 劳动的人类价值认知	1. 世界观（劳动伟大感知度） 2. 人类历史观正确 3. 创新创业意识较强 符合上述三项标准为 A；符合其中两项为 B；符合其中一项为 C；其余情形为 D	问卷考查
2. 劳动情感与品质	2.1 劳动喜爱度	1. 劳动接受情况（正反两个向度）良好 2. 劳动获得感情况良好 3. 劳动美体验情况良好 符合上述三项标准为 A；符合 1 为 B；符合 2 为 C；其余情形为 D	1 教师观察记录，2、3 问卷考查
	2.2 劳动崇敬度	1. 能够尊重劳动者 2. 能够尊重劳动成果 符合上述两项标准为 A；符合 1 为 B；符合 2 为 C；其余情形为 D	教师观察记录
	2.3 劳动专注度	1. 劳动的细致性品质良好 2. 劳动注意力集中度较高 3. 成就劳动目标欲望的强度较高	教师观察记录，问卷考查

续表

一级指标	二级指标	测评标准	测评方式
2.劳动情感与品质	2.4 劳动忍耐度	1. 劳动艰辛忍耐的强度较高 2. 劳动艰辛忍耐的时间长度较长 符合上述两项标准为 A;符合 1 为 B;符合 2 为 C;其余情形为 D	教师观察记录,问卷考查
	2.5 劳动诚实度	1. 劳动的诚实品质良好 2. 掌用别人劳动成果时的诚信态度良好 符合上述两项标准为 A;符合 1 为 B;符合 2 为 C;其余情形为 D	教师观察记录,问卷考查
3. 劳动知识与技能	3.1 日常劳动知识知晓度	1. 日常劳动工具识别能力 2. 其他劳动常识 符合上述三项标准为 A;符合其中两项为 B;符合其中一项为 C;其余情形为 D	试题测试(根据大学生应知应会内容设置试题)
	3.2 日常劳动操作熟练度	1. 家务劳动操作熟练度较高 2. 其他日常劳动操作熟练度较高 符合上述两项标准为 A;符合 1 为 B;符合 2 为 C;其余情形为 D	对学生实际操作评价(现场的或视频录制)
	3.3 非日常劳动知识与技能掌握情况	1. 个人长期专注的劳动知识掌握较好 2. 个人长期专注的劳动技能掌握较好 3. 专业劳动知识与技能掌握情况较好 符合上述三项标准为 A;符合其中两项为 B;符合其中一项为 C;其余情形为 D	1. 材料审核 2. 对学生实际操作评价(现场录像或视频录制) 3. 材料审核
	3.4 创新性劳动能力	1. 创新性广度较高 2. 创新性深度较深 符合上述两项标准为 A;符合 1 为 B;符合 2 为 C;其余情形为 D	问卷考察

续表

一级指标	二级指标	测评标准		测评方式
4. 劳动实践习惯	4.1 日常劳动实践参与情况	1. 种类较多 2. 频次较高		教师观察记录
		符合上述两项标准为 A;符合 1 为 B;符合 2 为 C;其余情形为 D		
	4.2 服务性劳动实践(公益、志愿活动)参与情况	1. 种类较多 2. 频次较高		教师观察记录
		符合上述两项标准为 A;符合 1 为 B;符合 2 为 C;其余情形为 D		
	4.3 生产性劳动实践(创新性活动)参与情况	1. 种类较多 2. 频次较高		教师观察记录、材料审核
		符合上述两项标准为 A;符合 1 为 B;符合 2 为 C;其余情形为 D		
测评结果		根据以上 15 项二级指标获得 A 的总数(用 X 表示),得出测评结果: X≥10,二级指标无 C 或 D,结论为 A;X≥8,且二级指标无 D,结论为 B;X≥5,结论为 C;其余情形为 D		

一、评价的指导思想

大中小学生劳动素养评价，以学生发展为本的教育理念为出发点，关注每一个学生的全面发展，持续发展和终身发展。通过劳动素养评价，引导学生懂得劳动最光荣、劳动最崇高、劳动最伟大、劳动最美丽的道理。

二、评价的依据

大中小学生劳动素养评价的依据是 2020 年 3 月 20 日中共中央、国务院印发的《关于全面加强新时代大中小学劳动教育的意见》和 2020 年 7 月由教育部印发的《大中小学劳动教育指导纲要（试行）》等。

三、评价的原则

评价的原则主要包括以下五方面。

第一，发展性原则。学生劳动素养评价目的在于推动每个学生在原有劳动素养上有新的提高，应从发展性的角度探讨评定学生的劳动成果、表现与进步，并给予充分的肯定与鼓励。

第二，综合性原则。学生劳动素养评价的整体观要求在评价中把课程教学和日常评价进行统整，使它们融合为一个有机整体，综合评价一个学生的劳动素养。

第三，多元性原则。学生劳动素养评价主体是多元的。教师、学生、家长等都可以作为评价者，在活动过程中，应特别重视学生的自我反思性的评价，通过学生的自我反思评价，提高他们掌握劳动技能的能力，自我教育的能力。

第四，过程性原则。学生劳动素养评价要重视对学生劳动过程的评价。对学生进行评定的作业应该揭示学生在活动过程中的表现以及他们是如何解决问题的，而不仅是针对他们提出的结论。

第五，针对性原则。大中小学生的年龄与学段有明显的区分，针对不同年龄学段的学生在评价指标体系的权重分配和相关具体内容上应有区分度，所采用的评价办法也应有所不同。

四、学生劳动素养评价的指标体系

学生劳动素养评价体系中的评价项目主要包括四重纬度。

第一，劳动价值观，指的是有关人对劳动的根本认知态度，具体表现为对劳动的个人价值认知、对劳动的社会价值认知和对劳动的人类价值认知。

第二，劳动情感与品质，包含两方面，一是对待劳动的情感表现，二是劳动过程中表现出的工作品质及道德倾向。

第三，劳动知识与技能，包括劳动知识和劳动技能两方面，在整个劳动素养中都处于同一个层次，比劳动价值观和劳动情感与品质都浅。

第四，劳动实践习惯，分为日常劳动实践习惯，服务性劳动实践习惯与生产性劳动实践习惯三类。

五、学生劳动素养评价的结果运用

学生劳动素养评价的结果运用体现在以下两方面。

第一，学生劳动素养评价结果记入学生综合素质档案。

第二，学生劳动素养评价结果作为学生评优、入团、入党重要参考。

第二节　劳动教育与思想政治理论课的融合实践
——以"马克思主义基本原理"课程为例[①]

劳动教育既可以作为素质教育的重要手段，也是实现学生全面发展的重要内容[②]。劳动教育有两方面的内涵：一是"关于劳动"的教育，是要把劳动素养的提升作为教育目标；二是"通过劳动"的教育，是要把劳动作为一

---

① 本节内容参见：余江舟."马克思主义基本原理"课程中的劳育实践与创新 [J]. 池州学院学报，2022（5）：124-127.

② 罗生全，张雪. 劳动教育课程的理念形态及系统构建 [J]. 广州大学学报（社会科学版），2022（2）：150-160.

种教育手段来开展教育活动①，旨在通过劳动教育来促进学生的全面发展。这两个内涵的不同可概括为"目的论"和"手段论"的区别。"五育并举"的提出要求教育工作者要把劳动素养的提升放在和德智体美教育同等重要的地位，这体现的是"目的论"内涵。马克思主义经典理论要求"教育要与生产劳动相结合"，劳动教育具有融合德育、智育、体育、美育为一体的功能，并可以达到有目的、有计划、有组织地提升学生综合素养的目的②，这体现了劳动教育"手段论"内涵。新时代，从事劳动教育的理论研究或实践需要同时准确把握这两方面的内涵。就高校劳动教育和思政课的关系来说，两者的关联性表现在育人目标与教学内容等多个方面。在劳动教育融入思政课教学中，"原理"课具有特殊的地位和作用，这主要体现在劳动教育融入"原理"课的价值耦合点、理论教学着力点和实践教学创新点三方面。

一、劳动教育融入"原理"课的价值耦合点

劳动教育融入"原理"课的价值耦合点展现在三方面。首先，实现劳动教育的深层教育教学目标离不开"原理"课的理论奠基工程；其次，劳动教育融入"原理"课是实化"原理"课教学目标的重要途径；最后，提高立德树人的实效性离不开劳动教育的淬炼作用。

（一）是实现劳动教育深层教育目标的迫切需要

劳动教育不只是开展劳动知识与技能的学习和训练，其教育教学目标是不仅要让学生学会劳动，还要热爱劳动，更要尊重劳动。正因为如此，劳动教育与思政课程有着不可分割的联系。从劳动素养的结构来看，劳动价值观处于劳动素养的核心地位；从现实状况来看，劳动素养表现不佳的根本原因在于马克思主义劳动价值观的缺失，这两者都将劳动教育的目标指向更深层面。众所周知，开展马克思主义劳动价值观教育是"原理"课的一个基本教学目标，而这正是劳动教育融入"原理"课价值耦合点的重要一面。

---

① 曲霞，刘向兵. 新时代高校劳动教育的内涵辨析与体系建构［J］. 中国高教研究，2019（2）：73-77.

② 王珏. 构建新时代高校"四轮驱动"多元化劳动教育课程体系［J］. 贵州师范学院学报，2022（1）：65-70.

就劳动素养的理论层面来说，劳动素养有其自身独特的复杂结构并自成完整的体系，其构成可以分为显性层面和隐形层面，具有像冰山一样的结构特征。劳动行为习惯与劳动知识技能属于劳动素养的显性层面，很容易被识别。然而，劳动素养除了具有这些显性要素外，还有劳动情感品质与劳动价值观等隐性内涵，这些隐性要素不易被觉察，但作用重要。而且，劳动素养中显性层面的表征是由隐性内涵决定的。

就劳动素养的现实层面来说，随着社会生产力水平的提高和家庭结构的变化，当代许多青少年劳动素养表现不佳：他们不仅不会劳动，也不愿意劳动，还不尊重劳动。这些青少年存在着崇拜娱乐明星胜于崇拜科学家等劳动者现象。产生这种现象的根本原因是不愿意劳动和不崇尚劳动的劳动价值观念的存在。甚至有些青少年认为辛苦劳动是不得已的行为，是人生不成功的表现，对劳动人民缺乏应有的感情。这些都充分暴露了其劳动价值观的扭曲状况。

劳动素养理论层面和现实层面的分析结果都将劳动教育的目标指向劳动价值观这一深层目标。"原理"课承担着传授马克思主义理论的使命，对人的实践与劳动有着深刻的阐释，是学生获得马克思主义劳动价值观理论认知的重要渠道。因此，"原理"课在培养健康的劳动情感和确立马克思主义劳动价值观上具有不可替代的作用。

（二）是实化"原理"课教学目标的重要途径

"原理"课的教学目标具有多层次性，其首要目标（也是浅层目标）是要让学生系统掌握马克思主义基本原理的理论知识，其中层教学目标是要让学生掌握马克思主义的基本立场与基本方法，其深层教学目标是要让学生确立正确的世界观、人生观、价值观。诚然，实现三观教育的目标不是单靠"原理"课就能实现的，但"原理"课在整个思政课程中的地位处于基础和核心位置，因此"原理"课教学目标完整实现的作用举足轻重。然而，由于"原理"课的宏观性、抽象性和系统性使得"原理"课的教学具有较高的难度。无论是教师的教，还是学生的学，都表现出与其他思政课程不同的枯燥性与不易接受性，这要求"原理"课在进行教学改革过程中能够使得教学目标不断实化。

劳动是日常生产生活中最普遍的现象。劳动理论是马克思主义理论中的一个重要组成部分，且贯穿于其哲学、政治经济学、科学社会主义等方面。把劳动素养的提升作为"原理"课教学的一个具体目标不仅可以起到串联马克思主义理论各部分知识的作用，还能让学生感受到具体教学目标的实现，进而增强"原理"课的吸引力和实效性。此外，在教学过程中，通过对劳动素养的引入，可以让学生明显感受到职业成长的作用。

（三）是提高立德树人实效性的关键举措

立德树人是新时代教育的根本任务。这里的"德"是马克思主义理论指导下的思想道德品质，这里的"人"是指德智体美劳全面发展的人。无论是人类社会发展的最高理想还是教育的终极目标，都指向人的全面发展。劳动是促进人的全面发展的核心因素。劳动实践是实现人存在价值的根本途径，是人展现其自觉能动性与创造性的全部内容。马克思在《1844 年经济学哲学手稿》中指出："一个种的整体特性、种的类特性就在于生命活动的性质，而自由的、有意识的活动恰恰就是人的类特性。"① 这些经典论述都充分印证了劳动对于人的全面发展的意义，同时也阐明了教育要与生产劳动相结合的深刻道理。习近平总书记指出，"扎根中国大地办教育，同生产劳动和社会实践相结合"②。

"原理"课的教学目标是帮助学生在系统掌握马克思主义基本原理基础上确立正确的世界观、人生观和价值观。实现这样的教育目标单纯靠理论课堂的讲解肯定不行，需要与劳动实践相结合。实践是马克思主义哲学中的核心概念，不仅是人的思想理念与物质世界相互转化的唯一途径，同时也是实现主体与客体相互作用的重要方式③。时代新人的培养应当遵循教育规律，不仅要使社会主义核心价值观内化于心，还应外化于行。通过劳动开展思想政治教育可以大大提高立德树人的实效性。这正是劳动教育融入"原理"课价值耦合点的又一方面。

---

① 中共中央马克思恩格斯宁斯大林著作编译局．马克思恩格斯选集（第 1 卷）[M].北京：人民出版社，2012：56-196.

② 习近平．用新时代中国特色社会主义思想铸魂育人 贯彻党的教育方针落实立德树人根本任务 [N].人民日报，2019-03-19 (1).

③ 韩波．"以劳育人"的价值阐述与实践启示 [J].人民论坛，2020 (Z2)：108-109.

二、劳动教育融入"原理"课的理论教学着力点

"原理"课的教学任务是讲清马克思主义理论中的一些基本原理和思想。在这些基本理论和思想中，有许多是和劳动直接相关或强相关的，它们共同构成了运用"原理"课开展劳动教育的理论教学着力点。

（一）劳动创造世界与人类社会历史理论

劳动创造世界与人类社会历史这一理论观点在马克思主义发展史上贯穿始终。恩格斯认为，"一个很明显的而以前完全被人忽略的事实，即人们首先必须吃、喝、住、穿，就是说首先必须劳动"[①]。毛泽东曾指出，"人民，只有人民，才是创造世界历史的动力"[②]。习近平总书记多次强调，"人民创造历史，劳动开创未来"，并明确指出，"人类是劳动创造的，社会是劳动创造的"[③]。

在"原理"课的教学过程中，教师除讲清楚这些理论精髓外，还应结合"啃老族""宁在宝马车上哭，不愿在自行车上笑"等现实劳动素养问题开展思想教育，帮助学生形成正确的劳动价值观。可以说，劳动价值观教育是劳动教育的最高源头，也是最终目标。

（二）劳动成就人的存在价值理论

劳动成就人的存在价值理论体现在两方面。一方面，人类是在劳动过程中实现向人转化的。恩格斯在《自然辩证法》中指出："劳动是整个人类生活的第一个基本条件，而且达到这样的程度，以致我们在某种程度意义上不得不说：劳动创造了人本身。"[④] 恩格斯不仅强调了劳动在从猿到人的转变过程中的决定性作用，还详细论述了人类是如何在劳动中实现手臂、脚、眼睛等器官的转化。另一方面，人在实现从猿向人转变后，劳动和实践成为人独有

---

① 中共中央马克思恩格斯列宁斯大林著作编译局.马克思恩格斯选集（第3卷）[M].北京：人民出版社，2012：723.

② 毛泽东.毛泽东选集（第3卷）[M].北京：人民出版社，1991：1031.

③ 习近平.在知识分子、劳动模范、青年代表座谈会上的讲话[N].人民日报，2016-04-30（2）.

④ 中共中央马克思恩格斯列宁斯大林著作编译局.马克思恩格斯选集（第3卷）[M].北京：人民出版社，2012：988.

的存在方式，人的社会价值必须通过劳动和实践才能展现。

在"原理"课教学中，教师应当充分挖掘劳动成就人的存在价值这一理论意义，对学生进行深刻的人生观教育。使学生真正做到把这一人生哲理内化于心、外化于行，践行并深刻体会劳动的光荣、崇高、伟大与美丽。

（三）创造性劳动理论

理解劳动的创造性或创新性劳动离不开对马克思主义实践概念的深刻理解，离不开对人的实践性存在这一道理的理解。实践的内涵是指人类能动地改造世界的社会性物质活动。这里的能动性指的是主体在面对实际活动中存在的困难，创造性寻求新的解决办法的过程，这充分彰显了人的主体创造性。这种具有创造性特征的实践是人类的本质活动，也是人类区别于其他动物的根本所在。习近平总书记深刻指出了劳动与创造的伟大意义，"劳动是人类的本质活动，劳动光荣、创造伟大是对人类文明进步规律的重要诠释"①。

在"原理"课教学中，教师应当从哲学层面，以劳动的主体性、能动性、创造性来阐释人的自由全面发展本质，使学生深刻认识到创造性劳动不是额外的更高要求，而是人自身的本质规定。

（四）真理与价值理论

人类的实践活动（包括劳动）是主观见之于客观的活动，也是主体依赖客体基础的活动，既要遵循真理理论，也要遵循价值理论。真理理论指向的是人类的实践活动（包括劳动）必须建立在对客观实践规律正确把握的基础上。人类要想达到实践目的，就必须"认识真理，掌握真理，信仰真理，捍卫真理"②。价值理论指向的是人类的实践活动（包括劳动）符合人类的主观意愿原则，是人类的主体意义所在，是为了实现更美好生活的需要。

在"原理"课教学中，教师除讲清真理与价值的深刻内涵与辩证关系外，还应当注重确立学生实践活动的正确真理与价值取向。同时，还应注重学生社会主义核心价值观的培育，促成其自觉践行社会主义核心价值观的习惯养成。

---

① 习近平．在庆祝"五一"国际劳动节暨表彰全国劳动模范和先进工作者大会上的讲话［N］．人民日报，2015-04-29（2）.
② 习近平．习近平谈治国理政（第二卷）［M］．北京：外文出版社，2017：50.

(五) 劳动是形成商品价值的唯一源泉理论

马克思指出："一切劳动，一方面是人类劳动力在生理学意义上的耗费：就相同的或抽象的人类劳动这个属性来说，它形成商品价值。"[①] 这表明人类的劳动形成商品的价值。恩格斯也指出："所以我们便得出结论：商品具有价值，因为它是社会劳动的结晶。"[②] 这一原理的教育启示是：诚实劳动和真心付出是人的社会价值实现的根本途径，个人对社会贡献的大小主要取决于自身劳动价值量的大小，其获得的社会回报应以劳动贡献量为主要依据。

在"原理"课教学中，教师除讲清楚政治经济学有关劳动价值理论外，还应着眼学生的职业生涯发展与正确人生价值观的确立，让诚实劳动，合法经营成为学生未来从业的底线，培育其辛勤劳动和诚实劳动的优秀品质，并不断强化学生热爱劳动和尊重劳动的意识。

三、劳动教育融入"原理"课的实践教学创新点

随着"三全育人"教育理念的不断深入和"大思政"教育格局的不断形成，实践育人的理念越来越被重视，思政课的实践教学改革也在稳步推进。实现学生对马克思主义理论的真学、真懂、真信、真用，科学构建"原理"课的实践教学体系十分必要。强化与拓展"原理"课劳动教育相关成果，需要突出"原理"课实践教学中的劳动教育主题，延伸教育教学链条，扩展实践教学空间，整合教育教学资源，做好三个结合。

(一) 突出劳动教育主题

教育与生产劳动相结合是党的一贯教育方针。现实中"原理"课实践教学落实不好的主要原因往往在于实践教学活动的主题不鲜明，过于宏观和抽象。这使得教师和学生都不能很好把握，从而导致实践教学效果不佳。为进一步升华和固化"原理"课的教学效果，开展与劳动相关的实践教学活动是必然的选择。在"原理"课实践教学设计中引入劳动教育主题，让学生在实

---

① ［德］马克思. 资本论（第 1 卷）［M］. 中共中央马克思恩格斯列宁斯大林著作编译局，译. 北京：人民出版社，2004：60.

② 中共中央马克思恩格斯列宁斯大林著作编译局. 马克思恩格斯选集：第 2 卷［M］. 北京：人民出版社，2012：38.

践教学中感知人类历史上各种劳动的伟大壮举，思考劳动对于人生的价值，体会劳动成就带来的喜悦，这对于学生深化"原理"课中各种关于劳动的理论知识具有不可替代的作用。突出"原理"课实践教学中的劳动教育主题不仅是劳动教育的需要，也是丰富"原理"课实践教学的重要途径。

在"原理"课具体实践教学过程中，有三个重要环节需要着重把握。首先，在实践教学准备阶段，教师应注重劳动教育主题设计的科学性与合理性。主题的科学性要求立场正确、观念鲜明，与马克思主义基本原理相符。实践教学活动设计的合理性主要体现在活动目标明确，易于掌握；活动任务明确，易于操作；活动形式活泼，易于接受。其次，在实践教学过程中，要注重学生参与程度，进行合理的分组分工，让每位同学都有充分发挥自身主观能动性的机会，最大程度激发其学习潜力。最后，在实践教学活动结束后，要进行及时有效的总结。总结分为两个层次，首先，学生自己能及时进行总结，把自己的深刻体会和感悟用理性的文字表达出来；其次，教师应面对全班同学进行总结提升，把来自学生的不同总结进行有效的归纳、提炼和深化，从而强化实践教学的效果。实践教学的这三个环节组成了一个有机整体，忽略其中任何一个环节都会影响整体教学效果。

（二）延伸教育教学链条，扩展实践教学空间

家庭、学校和社会是开展劳动教育的主要场所。这三个教育场域有其各自的独特性，主要表现在内容、形式与作用等方面的区别①。家庭是一个人生活与成长最重要的地方，这不仅因为在家庭度过的时间长，更因为家庭对一个人影响的深刻性和全面性。就劳动教育来说，家庭有着天然丰富的劳动教育资源。父母理应成为孩子天然的劳动教育老师，家庭日常劳动机会永不枯竭，良好劳动习惯的养成也离不开家庭。在劳动素养的四重维度中，劳动实践习惯和劳动情感品质是家庭劳动教育的重点目标。与家庭相比，社会这一劳动教育场域所承担的任务重点在于劳动价值观和劳动知识技能教育。作为即将步入社会的大学生，掌握先进的劳动知识和技能，把握社会生成力的发展趋势是一项基本要求。此外，无论是现实社会，还是网络虚拟社会，都是

---

① 程豪，李家成. 家校社协同推进劳动教育：交叠影响域的立场［J］. 中国电化教育，2021（10）：33-42.

传播价值的重要场所。因此，大力弘扬马克思主义劳动价值观成为社会层面开展劳动教育的重中之重。

　　课堂对理论知识讲解得透彻不等于整个教育教学工作的完结。学生在"原理"课课堂上形成的劳动价值认知需要在实践中得到强化和内化，需要转化为稳定的马克思主义劳动价值观和健康的劳动情感品质。除学校外，家庭和社会都应成为开展劳动教育实践的重要场所。在"原理"课有关劳动教育主题实践教学设计中可以让学生充分利用家庭日常生活，学习日常劳动知识技能，养成良好劳动习惯，磨炼优秀的劳动意志品质。与此同时，让学生在家庭中不断感知父母劳动的艰辛，培养尊重劳动、珍惜劳动成果的良好品质。这对于强化"原理"课的劳动教育成果十分必要。除家庭外，还应让学生在社会上通过"三下乡"、社会调查、参观、体验和参与等多种途径真切感知劳动，体悟劳动，让广阔的社会成为学生提升自身劳动素养的大课堂。在实践教学安排上，要有意识地让学生接触先进劳动生产力，感知创新劳动的魅力，进而激发学生对自身劳动知识技能提升的动力。同时，要充分利用社会上丰富的主题展馆和文艺活动来开展教育活动，还可以让学生参与一些劳动教育主题的文艺创作与实践活动。此外，要充分运用各种感人的劳动英模事迹开展教育，让学生在潜移默化中树立马克思主义劳动价值观。

　　（三）整合教育教学资源，做好三个结合

　　"原理"课实践教学与社会志愿活动相结合。培养具有集体主义精神和社会责任担当意识的人才是我们教育的基本要求。正因为如此，高校都把开展社会志愿活动当作重要的教育方式与手段。在这当中，积累了一定的经验，取得了一定的效果。但也有相当部分的社会志愿活动存在落地不实问题，许多活动就是停留在走走看看上。这样的教育活动不仅达不到应有的教育教学目标，反而助长学生形式主义作风。把劳动教育融入社会志愿服务活动可以使志愿服务的成果更加具体，从而增强学生志愿服务的成就感。此外，通过志愿活动中脚踏实地的劳动，学生劳动素养得到提升的同时，还能强化尊重别人劳动和热爱劳动的真挚情感。

　　"原理"课实践教学与创新创业教育活动相结合。创新对于世界发展和社会前进的作用已被广泛认可。当下，创新对于我国经济和社会发展的重要性更是毋庸置疑。高校开展普遍的创新创业教育活动已有多年，许多高校成立了创新创业教育学院，开设创新创业课程并设置学分的要求已成为高校的一项基本要求。近年来，劳动教育在高校也全面铺开，但许多高校的劳动教育和创新创业教育分离现象明显。创新创业素养本是劳动素养的一部分，创新创业教育在一定程度上属于劳动教育的一部分，两者实现良好结合不仅能节约教育教学资源，也能增强教育教学效果。

"原理"课实践教学与校园文化活动相结合。校园文化是一个学校经过长期积淀而形成的精神特质，对学生可以起到潜移默化的熏陶作用。校园文化活动是展现校园文化的主要方式。校园文化活动的设计应当有教育主题。在校园文化活动中融入劳动教育，可以达到让学生热爱劳动的效果①。实现劳动教育与校园文化相结合有两个基本途径：一是直接开展如劳动模范和大国工匠进校园等劳动教育主题的文化活动，二是在其他校园文化活动中强化劳动教育目标的引入，通过多种学术和文体活动倡扬劳动精神、传递劳动情怀，促进正确劳动价值观的形成。

马克思主义劳动价值观教育之所以成为"原理"课的基本教学目标之一，因于劳动素养的结构特点，缘于素质教育实践的现实需要，同时也是"教育要与生产劳动相结合"要求的具体展现。劳动教育融入"原理"课具有理论和实践的必然性和可行性，也有鲜明的实施路径。站好课堂，牢牢把握劳动教育融入"原理"课的五个理论教学着力点，是开展马克思主义劳动价值观教育的主渠道。大力开展"原理"课实践教学的创新改革，突出实践教学中的劳动教育主题，延伸教育教学链条并扩展实践教学空间，整合教育教学资源是实现运用"原理"课开展劳动教育的落实之举。唯其如此，才能实现劳动教育的完整性、科学性与系统性。

---

① 刘向兵，等.新时代高校劳动教育论纲［M］.北京：社会科学文献出版社，2019：79.

第三节 青年大学生劳动价值观的培育机理与路径①

2020 年 11 月，习近平总书记在庆祝全国劳动模范和先进工作者表彰大会上的讲话中指出："劳模精神、劳动精神、工匠精神是以爱国主义为核心的民族精神和以改革创新为核心的时代精神的生动体现，是鼓舞全党全国各族人民风雨无阻、勇敢前进的强大精神动力。"② 习近平总书记关于劳模精神的重要讲话是对伟大民族精神和时代精神的集中概括，突出了劳模精神的重要地位，这种劳模精神是马克思主义劳动价值观的生动诠释③。大学生作为祖国的未来，不仅是民族的希望，更是中国特色社会主义事业的建设者和接班人。强化大学生的劳动意识，提升他们的劳动素养，对于全面建设社会主义现代化国家，实现中华民族伟大复兴，具有重要而深远的意义。然而，在当代大学生中，劳动能力差、劳动实践少、劳动意识薄弱等现象并不少见，其根本原因在于部分学生没有牢固确立马克思主义劳动价值观。

在教育教学过程中，知识与技能的教育属于中浅层次的目标，其实现的方法与路径也相对简单一些，而情感价值层面的教育属于教育的深层目标，其实现的难度和方法路径的复杂程度要高很多。站在教育学视角下透视人的本质，人表现出"信息渴望，逻辑偏好，情感依赖，价值归依"的特性。这四个特性表现出较强的层次性，这启示教育不仅要针对知识技能与思维逻辑开展教育教学，还要针对积极健康的情感与科学正确的价值观开展教育教学。在这个过程中，价值观教育是最重要的目标也是最难实现的目标，这主要是因为价值观具有相对较强的稳定性特征。学生对某项事物的知识信息的认知改变往往只需要老师的一个信息传递或知识讲解就能实现，学生价值观的确

---

① 余江舟，王璇. 当代大学生劳动价值观培育机理与路径［J］. 高校辅导员学刊，2023（1）：63-68，99.

② 习近平. 在全国劳动模范和先进工作者表彰大会上的讲话［N］. 人民日报，2020-11-25（2）.

③ 刘向兵. 弘扬劳模精神 加强劳动教育［J］. 中国高等教育，2019（24）：24-26.

立或改变不可能靠少量单一的方法训练就能实现。价值观教育既有主动性特征，又有被动性特征；既有知识理论的支撑需求，又离不开道德情感的感化作用；既要有长期的文化熏陶和正确的示范引领，又离不开不断的实践体验予以固化。总而言之，价值观教育离不开主体、行为与环境三者之间的有效联动，离不开正确的示范引领，更离不开受教育者的自我实践与体验。

　　培育青年大学生正确的劳动价值观，帮助他们端正劳动态度并提升劳动能力，从而实现其全面发展是劳动教育的主体内容。在这当中，劳动价值观对劳动素养其他方面起着制约的作用，处于统领位置。可以说，劳动价值观教育是整个劳动教育的核心所在。劳动价值观教育同样离不开主体、行为与环境三者之间的有效联动，离不开劳动模范的示范引领，离不开受教育者的自我劳动实践与体验。班杜拉提出的社会学习理论主要包含交互决定论、观察学习以及自我效能感三方面。交互决定论强调个体、行为与环境三者之间相互影响作用；观察学习是指个体通过观察榜样的行为后，倾向于做出与榜样相同或类似的行为；自我效能感强调个体对自身能否顺利完成某种行为所做出的主观判断①。班杜拉社会学习理论对于价值观教育的理论研究和实践指导具有很好的借鉴意义，在不同的价值观教育领域得到了应用。在马克思主义劳动价值观教育的理论与实践方面援引班杜拉社会学习理论，可以有效分析劳动价值观的形成机理，科学构筑马克思主义劳动价值观的培育路径。

一、社会学习理论视角下当代大学生劳动价值观的培育机理

　　劳动价值观是一个人在劳动实践时对待劳动所表现出来的价值判断与准则②。劳动价值观在整个劳动素养架构中处于最核心、最重要的位置。正确劳动价值观的形成是在劳动知识技能、劳动情感品质、劳动实践等因素不断融合，不断巩固的基础上，在科学的理论指引下逐渐完成的。学校在进行劳动教育时，必须把正确的劳动价值观教育贯穿始终，坚持马克思主义关于劳动的价值基本观点，践行习近平总书记关于劳动的重要论述。劳动价值观培育

---

① 鲍文丽．班杜拉社会学习理论对成人教育发展启示［J］．中国成人教育，2017（4）：15-17.

② 余江舟．新时代劳动素养的四重维度［J］．中国高等教育，2021（Z2）：53-55.

具有复杂性，仅仅依靠语言的说教或者劳动技能的训练，难以达到确立正确劳动价值观的目的。班杜拉社会学习理论既可以为大学生劳动价值观的形成提供系统的理论指导，又可以综合考虑影响大学生价值观形成的影响因素，其核心理念可以为大学生劳动价值观教育场域的构建提供至关重要的培育机理。

（一）劳动文化的熏染促使劳动价值观的悄然成型

从社会学习理论中可以看出，交互过程就是个体、行为和环境之间三要素的相互影响。交互理论认为环境、个体及其行为是相互独立、相互影响、相互决定的三个要素①。三者之间的交互模式及其影响会随着主体、环境及行为之间的变化而变化。主体通过自己的行为创造适宜的环境条件，环境在潜移默化中影响主体的行为。劳动价值观的构建过程是一种不断生成的、动态的过程，其构建不同于劳动知识技能教育或单纯的劳动实践，要受个体理论认知、心理品格以及外部因素的多重影响。劳动教育者通过创设有利于劳动价值观培育的环境，在这种环境下对受教育的身心施加影响。与此同时，受教育者在这种良好的劳动氛围中能够积极参加劳动实践，不断强化自身劳动行为，从而有利于健全其劳动价值观。学生在提升自己劳动素养过程中，并不一定完全依赖于外部环境施加的影响，也可充分发挥自身的主观能动性，积极主动寻找适合自身发展的劳动氛围，主动与环境进行交互，促进自身劳动观念的吸收、劳动实践的养成和劳动价值观的重塑。

依托社会学习理论，当代大学生的劳动价值观的形成可视为大学生个体、行为以及大学生所处的环境三因素之间的相互作用、交互影响的综合集成。其中，大学生的个体因素主要包括心理素质、认知结构、生理机能、情绪情感以及主动学习、内化劳动价值观的学习动机；行为因素主要有接受劳动氛围的潜在学习行为，也有将观察劳动模范精神与行为，将其内化为自身的劳动价值观，并转化为自身行动的实际学习行为；环境因素主要是在马克思主义劳动价值观以及中华优秀传统文化影响下生成的劳动环境与劳动文化环境。结合当代大学生的特点，从个体、行为以及环境优化三个层面进行切入，用

① ［美］阿尔伯特·班杜拉. 社会学习理论［M］. 陈欣银，李伯黍，译. 北京：中国人民大学出版社，2015：168.

更深入、更细致、更全面的举措来构建当代大学生的劳动价值观场域，通过构建良好的劳动文化来强化大学生对劳动价值观的认识与深化，坚定其自身劳动信念，为践行马克思主义劳动价值观筑牢基础。

（二）劳动榜样的示范引领劳动价值观的正确方向

社会学习理论强调观察对于学习的重要意义，认为所有的学习现象都是通过对他人的学习行为和结果的观察，在替代经验的基础上通过直接体验完成的①。班杜拉认为在社会学习理论中，"榜样示范"是观察学习表现方式的一种。观察学习是指个体通过观察他人（榜样）的行为，内化为自身的认知，并形成一种新的外化行为的过程。观察学习是一种间接的学习方式，但效率比较高。班杜拉把观察学习分为以下四个过程：注意过程、保持过程、动作再现过程、强化过程。在观察学习中起着决定性作用的是注意过程，它决定了一个人在大量的原型范例中选择哪部分进行观察，以及在这些原型范例中抽取出来哪些部分进行学习，最后形成何种行为②。观察学习的程度受到观察对象特征的影响，大学生总是喜欢以新颖而又与他们自身相类似的原型作为观察的榜样。观察原型有正面影响和负面影响两方面，因此教育者在为学生选择观察原型时，要提供旗帜鲜明的正面原型。学生具有向师性，教育者在教育过程中也是学生观察学习的对象，如教育者能做到为人师表、言行一致，行为模仿者也会倾向于做出与教育者相同或相类似的行为。树立劳动模范、创建劳动榜样在劳动教育中是不可或缺的。

劳动价值观具有抽象化特点，仅仅依靠语言、文字难以理解其真正内涵。借助榜样的力量，可以使劳动价值观更加具体化、形象化。社会学习理论中的观察学习注重从榜样的行为和结果中获得替代体验，从而实现学习目标，强调在替代学习的基础上获得价值观念。依托社会学习理论，通过设定与劳动模范相关联的模范原型，对大学生施加一定的影响，大学生通过符号编码以及认知组织将这种劳动价值观的间接经验转化为头脑中的表象并保持下来，继而将头脑中关于劳动价值观的表象转化为合适的行动，通过行为结果的反

---

① ［美］阿尔伯特·班杜拉. 社会学习理论［M］. 陈欣银，李伯黍，译. 北京：中国人民大学出版社，2015：18.

② 杨洁. 社会学习理论给学校德育的借鉴［J］. 中国高等教育，2009（17）：52-53.

馈不断加强对劳动价值观的认识。劳模精神是劳动者个人价值的彰显。劳动模范的言行举止给大学生树立了良好的行为典范，为大学生劳动价值观的培育提供了现实依据；劳动模范背后所蕴含的精神力量为大学生形成正确的劳动价值观提供了精神支撑。当一些抽象的劳动精神具化到某个现实生活中看得见、摸得着的劳动模范身上，学生可以更好、更具体地感知到劳动模范的精神力量，并将这种劳模精神内化于心、外化于行。榜样的力量在劳动价值观教育中起着至关重要的作用。在劳动价值观教育实践中，必然会出现一些影响学生正确劳动价值观形成的负面因素，正确劳动价值观场域的构建在一定程度上被限制。当代学生的成长环境与网络息息相关，部分"网红"的一夜成名与迅速暴富，使大学生产生了急功近利的浮躁心理，对大学生的价值观产了巨大的冲击，导致物质主义与享乐主义的不断泛滥，这种社会现象在一定程度上形成一种负面榜样的作用，致使学生在树立榜样时存在误区。相对于传统的榜样来说，被包装后的偶像与明星等人物更容易受到当代大学生的喜欢。一旦这些偶像与明星劳动价值观不良，甚至扭曲时，就会形成负面教育效果。

（三）劳动实践的体验固化劳动价值观的坚实根基

自我效能感是班杜拉社会学习理论中的重要内容，指个人在某种程度上是否能够完成某种特定行为时所具备的判断能力、信念以及主体的自我把握和感觉①。当个体在自身能够预见某些行为以及该行为会带来的后果时，个体就会采取某些措施来控制自己的行为。自我效能感的形成受到多方面的影响，如个体从事某些活动的成败经验、归因方式以及个体自身的情绪情感状态等。因此，教育者指导受教育者进行正确的归因、不断增强受教育者成功体验，继而激发受教育者的自我效能感是这一原理在教育中的有效应用。提高劳动能力，端正劳动态度，强化劳动行为，重点在于在劳动过程中教会学生对完成该项劳动活动有基本的内心感受、能力判断等。自我效能感这个主观判断由两部分组成，一是结果期待，二是效能期待。结果期待是指个体对自己的某种行为会产生某种结果的推测。假如个体意识到自己的某一行为会产生积

---

① 刘永存，吴贤华，张和平，等. 社会支持对大学生利他行为的影响：自我效能感的中介作用 [J]. 中国特殊教育，2021 (3)：78-83.

极的效应，那么个体将加强这种行为，如学生在参加劳动实践活动时，认识到劳动有利于自身德智体美劳的全面发展，那么学生以后很有可能会积极参加劳动实践活动。效能期待是指个体对自己是否有能力成功完成某种行为的主观判断。如果个体认识到自己有能力完成某项任务时，那么个体在以后就会增加该行为发生的概率。当学生认识到在劳动实践活动中能做到对劳动行为的自控，学生在劳动实践活动中积极性和主动性会不断地提高。

当前劳动教育中存在着知行不统一的问题。学生在劳动行为上的自控、劳动获得感的提升和劳动行为与劳动价值观的统一，取决于学生劳动自我效能感的强弱。在劳动教育过程中，要有意识地挖掘能够激发大学生劳动自我效能感的各种影响因素，充分发挥大学生自身的主观能动性。教师在组织劳动活动时，可以设置由简单到复杂的劳动任务，帮助学生在这一过程中不断地增强劳动获得感，引导学生的劳动价值观适应社会发展的需求。在培育学生劳动价值观的过程中要有意识地提高学生对劳动成果的期待，让学生在享受劳动成果带来劳动获得感的同时，充分享受其实现自身存在价值的愉悦。因此，在强化大学生的自我效能感时，不仅要有意识地提升大学生的日常劳动技能，还要有意识地提高大学生的专业劳动技能，从结果期待和效能期待两方面来提高学生的劳动自我效能感。

二、社会学习理论视角下当代大学生劳动价值观的培育路径

通过对大学生劳动价值观培育机理的分析，不难发现大学生劳动价值观的培育具有复杂性和特殊性特点。在劳动价值观培育过程中，要协调大学生个体、行为与环境之间的关系，挖掘有利于增强大学生自我效能感的影响因素，发挥劳动模范的引领作用，促进大学生劳动价值观的形成。培育大学生正确劳动价值观需从社会、家庭、学校以及学生自身等几方面共同合作，形成教育合力。

（一）营造"热爱劳动、崇尚劳动、尊重劳动"的劳动教育氛围

价值观的稳定性特征告诉我们其形成绝非一朝一夕之事，也绝非靠单一手段就能实现，文化的长期熏染是其得以形成的必备条件。马克思认为："人

创造环境，同样环境也创造了人。"① 环境能塑造人，并且对人的行为产生深远持久的影响。在涂尔干道德教育思想看来，教育是老一辈通过有意或无意方式对年轻一代不断影响的过程，其本质就是年轻一代的社会化②，社会文化对教育目标的实现发挥着重要的制约作用。这要求在劳动教育过程中应当重视劳动场域的"泛在化"特性，强化劳动教育的"整体性"设计③，把劳动文化建设放在劳动教育的重要位置。具体来说，就是要营造"热爱劳动、崇尚劳动、尊重劳动"的劳动教育氛围。

首先，以网络为重点，营造健康的劳动文化氛围。充分发挥电视、广播、网络等新媒体的宣传载体作用，加强对劳动模范和普通劳动者的宣传，加大对社会主义核心价值观的弘扬，营造"热爱劳动、崇尚劳动、尊重劳动"社会氛围。同时，加强网络环境的监管手段，进行网络"清朗"行动，对网上不良信息采取严厉的打击手段，加大整治"网红""饭圈""主播"等不良现象力度，把控网络舆论的发展，牢牢把握住意识形态的主动权。在营造好网络环境的同时，注重现实生活中劳动氛围的营造，将传统文化节日与劳动教育相结合，通过借助五一劳动节、植树节、端午节等传统节日，在全社会刮起一股劳动之风，营建一种浓厚的社会劳动氛围，从而达到在全社会形成良好的劳动文化和劳动教育文化生态的效果。

其次，运用系统思维，构建立体的学校劳动文化。在劳动教育中，学校不仅要开齐、开足劳动教育课程，还应积极创造良好的劳动文化微环境，营造出浓厚的劳动教育氛围。创新劳动价值观长效宣传机制与手段，开设关于劳动价值观的讲座，让学生积极参与进来；借助校报、校园公众号、校园广播等途径宣传校园模范、劳动典范等；加强不同高校之间的劳动教育合作，共同开发特色劳动教育课程；设置校园"劳动月""劳动周"，丰富拓展劳动教育的实施途径；开辟校园劳动基地——"校园种植角""开心农场"等，

---

① 中共中央马克思恩格斯列宁斯大林著作编译局. 马克思恩格斯选集（第1卷）[M]. 北京：人民出版社，1995：92.

② [法] 涂尔干. 道德教育 [M]. 陈光金，沈杰，朱谐汉，译. 上海：上海人民出版社，2006：208.

③ 柳友荣，陈琼. 提升大学生劳动教育质量的应然遵循 [J]. 中国高等教育，2022（9）：24-26.

从而形成浓烈的"热爱劳动、崇尚劳动、尊重劳动"校园劳动文化氛围。高校只有通过多层次、多主体、多形式与多方法的劳动教育设计才能系统构建全方位的学校劳动教育文化。

再次，发挥父母的主体作用，营造良好的家庭劳动氛围。父母的不良劳动价值观会对孩子的劳动价值观形成直接而深远的负面影响。孩子不良劳动价值观一旦形成，其改变的难度就很大。这就要求在家庭教育中，父母首先要端正劳动态度，自觉以马克思主义劳动价值观为指引，用正确的教育理念教育孩子，让孩子认识到劳动教育与知识教育的同等重要性。父母要积极参加劳动，在家庭中形成浓厚的劳动文化与劳动教育文化。父母应充分认识到勤劳朴素、艰苦奋斗、奋发图强等优秀品质的重要性，经常性带领孩子从事劳动实践，增长劳动知识，提升劳动技能，通过正确的劳动教育促进孩子正确世界观、人生观、价值观的形成。

（二）形成劳动榜样的示范教育机制

习近平总书记指出："榜样的力量是无穷的。要善于抓典型，让典型引路和发挥示范作用，历来是我党的重要工作方法。"① 形成劳动榜样的示范教育机制的关键点在于以下三方面。

首先，要注重劳动价值观的方向性特征，倡导鲜明的价值导向。方向性是价值观的天然属性，劳动价值观自然也不能例外。每个人在不同的劳动文化熏染下都可能形成自己的劳动价值观，但有的劳动价值观是符合社会发展需要、促进人类社会发展的劳动价值观，这样的劳动价值观是正确的劳动价值观。反之，也有一些劳动价值观是不正确的劳动价值观，对人类社会的进步起阻碍作用。因此，劳动价值观的方向问题就格外重要。正确的价值方向无疑需要榜样的引领，榜样示范教育机制构建的首要任务就是形成鲜明的价值导向。方向性既是榜样教育存在的必要性因素，也是其实践的关键点所在。

其次，强化榜样教育素材的感性色彩。榜样魅力的根本源于其内在的精神力量，但这种抽象的精神品质离不开感性素材的承载。因此，在宣讲劳模故事时，要增加故事的温度与深度，通过故事化、生动化、生活化的方式讲

---

① 习近平. 之江新语 [M]. 杭州：浙江人民出版社，2007：212-213.

好劳模故事，强化劳动意识教育①。如在全国开设关于以劳动模范和劳动精神为主题的小品或戏剧的巡演，以大众喜闻乐见的形式强化正确劳动价值观的宣传。高校也可以举办"劳模进校园""我们身边的劳动模范"等系列校园活动，要让劳模精神更加实际化、立体化，可以把寒暑假参与的劳动活动作为评选学生劳动模范的重要参考依据，通过生动的感性素材来引导学生尊重劳模、争当劳模，发扬劳动模范的示范作用。

再次，丰富榜样素材的传播途径。高校除利用食堂宣传栏、校园文化活动中心、教室宣传角等物质载体，将劳模精神以潜移默化的方式融入校园文化生活外，还应借助学生经常运用的社交媒体，如抖音、微博、微信等方式，大力宣传劳动模范事迹，通过"劳动教育+互联网"的方式，加强劳动模范对学生的吸引力。充分挖掘各种劳动教育素材，进行创造性转化，将劳模故事、劳模精神等素材形成网络教育资源，占领学生网络空间，从而不断厚植学生的劳动情怀，使其树立正确的劳动价值观。

（三）构筑自我效能感培养的场域

大学生正确劳动价值观的形成，不仅需要学校、社会、家庭的教育帮助，更需要依靠其自身来实现。在培育劳动价值观的过程中，离不开大学生对于劳动自我效能感的激发作用。就大学生来说，构筑自我效能感培养的场域主要体现在日常劳动实践、志愿服务劳动实践和专业劳动实践三方面。

首先，在日常劳动实践中感受劳动美。要想实现对劳动的真正热爱，仅仅依靠老师和家长的说教难以实现。对劳动美的不断感受才是热爱劳动的力量之源。劳动的美感是美感的一种，其本质都是人对自由的充分把握。无论是劳动还是一项艺术活动，都是主体在娴熟的操作过程中展现了对自由的把握，进而享受到了快感，这种快感就是美感。网络上众多劳动主题作品之所以得到广泛的接受和喜欢，其根本原因在于人对劳动美的渴望。为此，要增加大学生日常劳动实践机会，形成日常劳动知识技能的有效积累，从而实现良好劳动自我效能感，这是他们能够热爱劳动的前提。

其次，在志愿服务劳动中感受劳动的崇高。劳动一般可分为日常性劳动、

---

① 彭维锋.新时代劳模精神、劳动精神、工匠精神的理论内涵与实践导向 [J].江西社会科学学，2021（5）：208-217，256.

服务性劳动和生产性劳动。对大学生来说，服务性劳动主要体现在志愿实践活动中，而生产性劳动主要来自专业实践劳动。志愿服务实践活动的最大特性在于其无私奉献的性质，而人的崇高感恰恰来自这种无私奉献。只有感受到劳动的崇高才会真正尊重劳动，感受劳动的崇高是劳动教育的必然内容。高校应拓展志愿服务活动的渠道与方式，为学生提供更多的志愿服务实践机会，在开展志愿活动中应着眼劳动教育目标的实现，让学生在志愿服务实践活动中充分感受劳动的崇高。

最后，在专业劳动实践中感受劳动的伟大。对大学生来说，其专业实践能力是其劳动竞争力的核心所在。随着人类科学技术的发展，任何一个专业都显现了其在该领域的重要生产地位，彰显了伟大的创造力和强大的生产力，从而成为感受人类劳动伟大的关键领域。大学生在学好专业理论知识的同时，通过专业劳动实践活动可以大大增强其自身成功劳动的体验，激发其强大的自我效能感。通过参加各种劳动技能与创新创业大赛等活动，不但能够激发大学生愉快、向上、奋斗的情感体验，引发其情感共鸣和价值认同感，还能提高劳动实践活动中的自我认同感。此外，高校在组织开展各类专业技能大赛，应对比赛成绩好的同学给予一定的物质奖励与精神奖励，这会在一定程度上进一步激发大学生的自我效能感，进而使其在以后的学习生活中继续提高自身劳动能力。

党的十八大以来，习近平总书记多次论述了关于劳动教育的重要性。劳动价值观是劳动素养的核心组成部分，其培育过程漫长，机理复杂，社会学习理论对于破解当代大学生劳动价值观培育上的难题具有较强的借鉴价值。社会学习理论论述了主体、环境和行为三者之间的交互影响，强调了榜样在观察学习中的作用以及主体的自我效能感等，为当代大学生劳动价值观的培育提供了一些方法论的指导。

参考文献

一、中文文献

（一）著作：

［1］中共中央马克思恩格斯列宁斯大林著作编译局. 马克思恩格斯全集（第 26 卷）［M］. 北京：人民出版社，2014.

［2］中共中央马克思恩格斯列宁斯大林著作编译局. 马克思恩格斯全集（第 23 卷）［M］. 北京：人民出版社，1972.

［3］中共中央马克思恩格斯列宁斯大林著作编译局. 马克思恩格斯全集（第 44 卷）［M］. 北京：人民出版社，2001.

［4］中共中央马克思恩格斯列宁斯大林著作编译局. 马克思恩格斯选集（第 3 卷）［M］. 北京：人民出版社，2012.

［5］中共中央马克思恩格斯列宁斯大林著作编译局. 马克思恩格斯选集（第 4 卷）［M］. 北京：人民出版社，1995.

［6］中共中央马克思恩格斯列宁斯大林著作编译局. 马克思恩格斯文集（第 8 卷）［M］. 北京：人民出版社，2009.

［7］习近平. 高举中国特色社会主义伟大旗帜　为全面建设社会主义现代化国家而奋斗：在中国共产党第二十次全国代表大会上的报告［M］. 北京：人民出版社，2022.

［8］习近平. 习近平谈治国理政（第 2 卷）［M］. 北京：外文出版社，2017.

［9］习近平. 习近平谈治国理政（第 3 卷）［M］. 北京：外文出版社，

2020.

[10] 习近平. 习近平谈治国理政（第 4 卷）［M］. 北京：外文出版社，2022.

[11] 习近平. 在哲学社会科学工作座谈会上的讲话［M］. 北京：人民出版社，2016.

[12] 习近平. 在庆祝"五一"国际劳动节暨表彰全国劳动模范和先进工作者大会上的讲话［M］. 北京：人民出版社，2015.

[13] 习近平. 在知识分子、劳动模范、青年代表座谈会上的讲话［M］. 北京：人民出版社，2016.

[14] 习近平. 在北京大学师生座谈会上的讲话［M］. 北京：人民出版社，2018.

[15] 习近平. 在统筹推进新冠肺炎疫情防控和经济社会发展工作部署会议上的讲话［M］. 北京：人民出版社，2020.

[16] 张健. 毛泽东教育思想研究［M］. 杭州：浙江教育出版社，1993.

[17] 张健. 邓小平教育思想研究［M］. 杭州：浙江教育出版社，1992.

[18] 中共中央国务院关于全面加强新时代大中小学劳动教育的意见［M］. 北京：人民出版社，2020.

[19] 成有信. 教育学原理［M］. 郑州：河南教育出版社，1993.

[20] 程万里，等. 劳动教育诸问题［M］. 武汉：中南人民文学艺术出版社，1954.

[21] 曹孚. 劳动教育问题［M］. 武汉：湖北人民出版社，1955.

[22] 陈桂生. 人的全面发展理论与现时代［M］. 上海：上海教育出版社，1988.

[23] 成有信，劳凯声，肖川，等. 教育与生产劳动相结合问题新探索［M］. 长沙：湖南教育出版社，1998.

[24]［苏］苏霍姆林斯基. 给教师的建议［M］. 杜殿坤，编译. 北京：教育科学出版社，2000.

[25]［苏］苏霍姆林斯基. 苏霍姆林斯基论劳动教育［M］. 萧勇，杜殿坤，译. 北京：教育科学出版社，2019.

［26］［法］卢梭．爱弥儿［M］．李平沤，译．北京：商务印书馆，1983.

［27］李承贵．生生的传统：20世纪中国传统哲学认知范式研究［M］，北京：中国社会科学出版社，2018.

［28］吴式颖，等．马卡连柯教育文集：上卷［M］．北京：人民教育出版社，2005.

［29］吴式颖，等．马卡连柯教育文集：下卷［M］．北京：人民教育出版社，2005.

［30］郭海龙．研究生劳动价值观教育研究［M］．成都：西南交通大学出版社，2018.

［31］刘向兵，等．新时代高校劳动教育论纲［M］．北京：社会科学文献出版社，2019.

［32］李珂．嬗变与审视：劳动教育的历史逻辑与现实重构［M］．北京：社会科学文献出版社，2019.

［33］赵章彬．高等职业院校劳动文化建设与创新研究［M］．北京：中国农业大学出版社，2019.

［34］檀传宝．劳动教育论要：现实畸变与起点回归［M］．北京：北京师范大学出版社，2020.

［35］檀传宝．劳动创造美好生活［M］．北京：中国劳动社会保障出版社，2020.

［36］曾天山，顾建军．劳动教育论［M］．北京：教育科学出版社，2020.

［37］郑银凤．"95后"大学生劳动观教育研究［M］．北京：中国社会科学出版社，2020.

［38］《中国教育年鉴》编辑部．中国教育年鉴：1949—1981［M］．北京：中国大百科全书出版社，1984.

（二）汇编

［1］中共中央文献研究室．建国以来重要文献选编：第11册［G］．北京：中央文献出版社，1995.

［2］中共中央文献研究室．十六大以来重要文献选编：上［G］．北京：中央文献出版社，2005.

［3］中华人民共和国教育部．中小学生守则：小学生日常行为规范、中学生日常行为规范［G］．北京：人民教育出版社，2004．

（三）期刊

［1］张胜男．从马克思主义视角看劳动教育如何立德树人［J］．人民论坛，2020（1）：90-91．

［2］张由菊．习近平劳动思想：基于中国梦视域中的考察［J］．学术论坛，2016（3）：9-12．

［3］李岁月．论习近平系列重要讲话中的劳动思想［J］．武汉科技大学学报（社会科学版），2016（6）：630-636．

［4］陈世润，王婷．习近平劳动思想探析［J］．学习论坛，2017（11）：14-17．

［5］李珂．习近平新时代中国特色社会主义劳动思想探析［J］．思想教育研究，2018（1）：12-16．

［6］刘向兵．新时代高校劳动教育的新内涵与新要求：基于习近平关于劳动的重要论述的探析［J］．中国高教研究，2018（11）：17-21．

［7］习近平回信勉励中国劳动关系学院劳模本科班学员 珍惜荣誉　努力学习　继续拼搏　再创佳绩　激励广大劳动群众争做新时代的奋斗者［J］．思想政治工作研究，2018（5）：1．

［8］韩喜平，王晓阳．论思政小课堂与社会大课堂的结合［J］．思想理论教育，2019（10）：68-71．

［9］坚持教育与生产劳动相结合　改变中小学劳动教育薄弱的现状：中国教育学会第九次学术讨论会综述［J］．中国教育学刊，1995（5）：56-59．

［10］安洪溪，张凤莲．教育与生产劳动相结合的几个问题［J］．清华大学教育研究，1994（1）：28-31．

［11］崔峻山．"专家排序法"的简化及应用［J］．教育科学研究，1993（5）：35-36．

［12］龙华平，凌小萍．习近平关于劳动重要论述的四重逻辑［J］．中北大学学报（社会科学版），2022（5）：8-15．

［13］李申俊．劳动的定义应该是什么？［J］．国内哲学动态，1981（10）：

27-29.

[14] 倪荫林.劳动概念的新界定及其意义:基于概念本性和劳动过程关系的分析 [J].广东社会科学,2011 (5):107-113.

[15] 王建铨.劳动概念新探 [J].长白学刊,1986 (6):30-33.

[16] 邓先宏,傅军胜,毛立言.对劳动和劳动价值理论几个问题的思考 [J].经济研究,2002 (5):5-6.

[17] 朱方明,贾卓强.平台经济的数字劳动内涵与价值运动分析 [J].内蒙古社会科学,2022 (3):114-121.

[18] 张海鹰.劳动价值论视域下数字劳动的性质、形式与价值重估 [J].合肥工业大学学报 (社会科学版),2022 (3):12-18.

[19] 王海.马克思关于人的全面发展思想的四重维度探赜 [J].保定学院学报,2022 (3):1-5.

[20] 冯兵,赵欣.《1844 年经济学哲学手稿》中的劳动伦理思想及其当代意义 [J].吉首大学学报 (社会科学版),2022 (4):63-71.

[21] 曲霞,刘向兵.新时代高校劳动教育的内涵辨析与体系建构 [J].中国高教研究,2019 (2):73-77.

[22] 檀传宝.劳动教育的概念理解:如何认识劳动教育概念的基本内涵与基本特征 [J].中国教育学刊,2019 (2):82-84.

[23] 张欣.困境纾解:新时代大学生劳动教育路径探析 [J].湖北经济学院学报 (人文社会科学版),2020 (12):111-114.

[24] 余江舟.新时代劳动素养的四重维度 [J].中国高等教育,2021 (Z2):53-55.

[25] 崔友兴.论大学生劳动教育的具身转向及其实现路径 [J].黑龙江高教研究,2020 (12):22-27.

[26] 李嫣妮.高校劳动教育的时代内涵与路径思考 [J].人文天下,2020 (12):122-124.

[27] 檀传宝.劳动教育的概念理解:如何认识劳动教育概念的基本内涵与基本特征 [J].中国教育学刊,2019 (2):82-84.

[28] 徐长发.新时代劳动教育长效机制亟待建立 [J].创新人才教育,

2020（2）：5.

[29] 黄济. 劳动教育是全面发展教育的组成部分 [J]. 新教师，2020（4）：1.

[30] 韩天炜. 论大学生劳动教育的价值指向和实践路向 [J]. 学校党建与思想教育，2020（24）：29-30.

[31] 肖绍明，扈中平. 重释劳动教育的人性意义 [J]. 现代教育论丛，2013（4）：7-12.

[32] 宋紫月. 论新时代高校劳动教育的内涵、价值及发展策略 [J]. 新西部，2020（18）：149-151，98.

[33] 张宁娟. 劳动教育是社会主义教育的本质特征 [J]. 中国德育，2017（9）：1.

[34] 王莹，王涛. 大学生劳动教育的路径优化研究 [J]. 中国高教研究，2020（8）：67-71.

[35] 郑程月，王帅. 建国70年我国劳动教育的演进脉络、时代内涵与实践路径 [J]. 当代教育科学，2019（5）：14-18.

[36] 曲铁华，张妍. 中国共产党劳动教育课程政策百年：历程、特点和展望 [J]. 中国教育科学（中英文），2021（5）：39-48.

[37] 李玉华，马心竹，罗聪. 基于人的全面发展的新时代高校劳动教育研究 [J]. 辽宁大学学报（哲学社会科学版），2020（2）：178-184.

[38] 曲霞，李珂. 高校劳动教育必修课程规范化建设探析 [J]. 中国高教研究，2022（6）：91-96.

[39] 裴文波，岳海洋，潘聪聪. 高校大学生劳动教育的多维透视 [J]. 学校党建与思想教育，2019（4）：87-89.

[40] 靳希斌. 如何理解和实施综合技术教育 [J]. 教育理论与实践，1985（6）：17-19.

[41] 王洋. 高校劳动教育现状与推进策略 [J]. 沈阳师范大学学报（社会科学版），2020（4）：103-108.

[42] 尹者金. 新时代高校劳动教育的特征与实现 [J]. 江苏高教，2019（11）：85-89.

[43] 时忆宁. 基于陶行知劳动教育思想的高校育人路径研究 [J]. 内蒙古财经大学学报, 2020 (5)：28-31.

[44] 王怡航. 新时代大学生劳动教育的意义及提升路径研究 [J]. 南方论刊, 2020 (12)：95-96.

[45] 王飞, 车丽娜, 孙宽宁. 我国高校劳动教育现状及反思 [J]. 中国大学教学, 2020 (9)：75-79, 85.

[46] 刘悦丹. 高校劳动教育的现状及成因探究 [J]. 产业与科技论坛, 2020 (21)：105-106.

[47] 赵曙光. 高校开展劳动教育的意义及路径 [J]. 淮阴工学院学报, 2020 (4)：88-91.

[48] 汪萍. 高校劳动教育的发展历程、基本经验与进路选择 [J]. 黑龙江高教研究, 2020 (12)：12-16.

[49] 杨素云. 关于加强大学生劳动教育的思考 [J]. 学校党建与思想教育, 2012 (35)：31-32.

[50] 茹丽燕. 高校劳动教育的困境与重构 [J]. 晋中学院学报, 2020 (6)：13-16.

[51] 尤丽佳, 张永翔. 高校提升劳动教育实效性的原则及方法 [J]. 廊坊师范学院学报 (社会科学版), 2020 (4)：125-128.

[52] 王洋. 高校劳动教育现状与推进策略 [J]. 沈阳师范大学学报 (社会科学版), 2020 (4)：103-108.

[53] 刘向兵, 赵明霏. 构建新时代高校劳动教育体系的理论逻辑与实践路径：基于知识整体理论的视角 [J]. 中国高教研究, 2020 (8)：62-66.

[54] 彭泽平, 邹南芳. 新时代高校加强劳动教育的价值意蕴、逻辑机理与实践方略 [J]. 黑龙江高教研究, 2020 (12)：1-5.

[55] 陈阳. 新时代高校劳动教育实施路径探析 [J]. 教育理论与实践, 2020 (36)：16-19.

[56] 苏鹏举, 王海福. 新时代大学生劳动教育价值意蕴、弱势表征及实现路向 [J]. 高教论坛, 2020 (11)：114-119.

[57] 孟国忠. 高校劳动教育价值实现的机理研究 [J]. 学校党建与思想

教育，2019（14）：85-87.

[58] 崔友兴. 劳动教育是促进大学生积极的劳动价值观培育和劳动素养形成的教育活动 [J]. 黑龙江高教研究，2020（12）：22-27.

[59] 王逸凡. 新时代大学生劳动教育的实践路径研究 [J]. 沧州师范学院学报，2020（4）：125-128.

[60] 温晓年. 新时代高校劳动教育体系的构建 [J]. 高等职业教育（天津职业大学学报），2020（5）：67-72，79.

[61] 辛宝忠. 朝鲜大学生的劳动教育和启示 [J]. 黑龙江高教研究，1991（1）：124-125，77.

[62] 孙艳玲. 朝鲜大学生的军训和劳动教育 [J]. 中国林业教育，1991（1）：64.

[63] 张熙，袁玉芝，李海波. 劳动教育的国际经验及其启示 [J]. 教学与管理，2019（11）：56-58.

[64] 任平，贺阳. 从"劳作学校"到"普职融合"：德国劳动教育课程建设的价值嬗变、特征与启示 [J]. 全球教育展望，2020（10）：114-128.

[65] 谷贤林. 美国学校如何开展劳动教育 [J]. 人民教育，2018（21）：77-80.

[66] 姜晓燕. 俄罗斯：重拾劳动的德育功能 [J]. 平安校园，2018（12）：82-83.

[67] 罗朝猛. 劳动教育，日本"全人教育"的重要一翼 [J]. 青年教师，2019（7）：50-51.

[68] 王秀玲，朱新峰. 新时代省域中小学劳动教育实施策略研究 [J]. 创新人才教育，2020（2）：37-40.

[69] 葛戴丹. 从"绿野村"走向"绿野生态" [J]. 江苏教育，2018（74）：20-22.

[70] 张军瑾. 小学劳动教育课程的建设与实施 [J]. 上海课程教学研究，2019（9）：6-11.

[71] 陈云龙，吴艳玲. 构建新时代劳动教育与课程体系 [J]. 基础教育课程，2020（8）：6-10.

[72] 侯红梅，顾建军．我国小学劳动教育课程的时代意蕴与建构 [J]．课程·教材·教法，2020（2）：4-11.

[73] 孙智昌．当代国外小学劳动技术教育课程的发展 [J]．外国中小学教育，2000（5）：33-38.

[74] 汝骅．俄罗斯中小学的劳动教育与综合技术教育 [J]．苏州教育学院学报，2002（1）：96-99.

[75] 姚静．德国中小学的劳动技术教育及启示 [J]．基础教育参考，2007（10）：26-29.

[76] 任国友，曲霞．新时代高校劳动教育督导评价体系研究 [J]．劳动教育评论，2020（1）：56-69.

[77] 刘茂祥．基于实践导引的中小学劳动教育评价研究 [J]．教育科学研究，2020（2）：18-23.

[78] 曹飞．中小学生劳动素养评价指标体系探析 [J]．劳动教育评论，2020（1）：42-55.

[79] 乌杰．系统科学方法论与科学发展观 [J]．系统辩证学学报，2005（3）：1-12.

[80] 张志坚，王炜．大学生劳动素养审视：现状、原因与对策 [J]．机械职业教育，2020（1）：50-55.

[81] 钟苗．教师劳动素养内涵与培养路径探析 [J] 高教论坛，2021（6）：15-16，53.

[82] 王红，向艳．新时代劳动教育教师的专业素质结构研究 [J]．教育发展研究，2021（22）：62-68.

[83] 秦婧．核心素养视角下大学生学校劳动教育现状及对策分析 [J]．现代商贸工业，2021（21）：64-65.

[84] 张志勇．立德树人是党的教育方针的重大理论创新 [J]．教育研究，2019（3）：19-22.

[85] 卓晴君．习近平劳动教育思想之重要战略意义 [J]．创新人才教育，2019（2）：5.

[86] 徐长发．新时代劳动教育再发展的逻辑 [J]．教育研究，2018

（11）：12-17.

[87] 肖绍明，扈中平. 新时代劳动教育何以必要和可能 [J]. 教育研究，2019（8）：42-50.

[88] 张世豪，罗建文. 论劳动教育与新时代人的全面发展 [J]. 思想理论教育导刊，2019（11）：124-128.

[89] 张志勇，杨玉春. 深刻认识新时代劳动教育的新思想与新论断 [J]. 中国教育学刊，2020（4）：1-4，61.

[90] 王斌，何建军. 论新时代劳动教育的三重维度 [J]. 教育导刊，2020（5）：12-17.

[91] 刘向兵，李珂，彭维峰. 深刻理解新时代加强劳动教育的重大意义与现实针对性 [J]. 中国高等教育，2018（21）：4-6.

[92] 曲霞，刘向兵. 新时代高校劳动教育的内涵辨析与体系建构 [J]. 中国高教研究，2019（2）：73-77.

[93] 马希良. 新时代学校教育亟须重拾劳动教育荣光 [J]. 教学与管理，2019（25）：83-84.

[94] 高明辉. 人的全面发展与终身教育 [J]. 教育探索，2012（1）：27-28.

[95] 萧宗六. 怎样理解"教育与生产劳动相结合" [J]. 教育研究，1999（6）：52-56.

（四）报纸

[1] 习近平. 在同全国劳动模范代表座谈时的讲话 [N]. 人民日报，2013-04-29（2）.

[2] 倪光辉，李学仁. 习近平在同全国各族少年儿童代表共庆"六一"国际儿童节时强调 让孩子们成长得更好 [N]. 人民日报，2013-05-31（1）.

[3] 谢环驰. 习近平在乌鲁木齐接见劳动模范和先进工作者、先进人物代表 向全国广大劳动者致以"五一"节问候 [N]. 人民日报，2014-05-01（1）.

[4] 习近平. 在庆祝"五一"国际劳动节暨表彰全国劳动模范和先进工作者大会上的讲话 [N]. 人民日报，2015-04-29（2）.

[5] 习近平. 在知识分子、劳动模范、青年代表座谈会上的讲话 [N]. 人民日报, 2016-04-30 (2).

[6] 曾天山. 劳动教育的时代价值与落实机制 [N]. 中国教育报, 2018-12-27 (8).

[7] 李玉玺, 王海荣. "田园牧歌"唱响劳动教育主旋律 [N]. 中国教育报, 2019-03-20 (9).

（五）学位论文

[1] 刘媛媛. 马克思劳动教育思想及其当代价值 [D]. 威海: 山东大学, 2016.

[2] 巩倩倩. 习近平劳动观研究 [D]. 济南: 山东大学, 2019.

[3] 秦超. 小学劳动教育评价体系研究 [D]. 曲阜: 曲阜师范大学, 2021.

[4] 徐海娇. 危机与重构: 劳动教育价值研究 [D]. 长春: 东北师范大学, 2017.

[5] 王智鸿. 新时代劳动教育思想研究 [D]. 长春: 吉林大学, 2020.

[6] 李建楠. 新中国成立以来中国共产党劳动教育思想演变与发展研究 [D]. 长春: 吉林大学, 2021.

（六）电子文献

[1] 中华人民共和国教育部共青团中央全国少工委. 关于加强中小学劳动教育的意见 [EB/OL]. 中华人民共和国教育部政府门户网, 2015-07-24.

[2] 中华人民共和国教育部. 基础教育课程改革纲要（试行）[EB/OL]. 中华人民共和国教育部政府门户网, 2001-06-08.

[3] 中共中央国务院. 关于全面加强新时代大中小学劳动教育的意见 [EB/OL]. 中华人民共和国教育部政府门户网, 2020-03-20.

[4] 中华人民共和国教育部. 大中小学劳动教育指导纲要（试行）[EB/OL]. 中华人民共和国教育部政府门户网, 2020-07-09.

[5] 中华人民共和国教育部. 中小学德育工作指南 [EB/OL]. 中华人民共和国教育部政府门户网, 2017-08-22.

[6] 中华人民共和国教育部. 中小学综合实践活动课程指导纲要 [EB/

OL]．中华人民共和国教育部政府门户网，2017-09-27．

　　[7]　中共中央国务院．关于深化新时代教育督导体制机制改革的意见 [EB/OL]．中华人民共和国教育部政府门户网，2019-02-19．

　　[8]　教育部等八部门．关于进一步激发中小学办学活力的若干意见 [EB/OL]．中华人民共和国教育部政府门户网，2020-09-22．

　　[9]　坚持中国特色社会主义教育发展道路培养德智体美劳全面发展的社会主义建设者和接班人 [EB/OL]．中华人民共和国教育部政府门户网，2018-09-10．

　　[10]　中华人民共和国教育部．小学生日常行为规范 [EB/OL]．中华人民共和国教育部政府门户网，2004-03-25．

　　[11]　中共中央国务院．关于全面深化新时代教师队伍建设改革的意见 [EB/OL]．中华人民共和国教育部政府门户网，2018-01-20．

　　[12]　中共中央国务院．关于深化教育教学改革全面提高义务教育质量的意见 [EB/OL]．中华人民共和国教育部政府门户网，2019-06-19．

附录一：

相关问卷与统计表

1. 新时代大中小学劳动教育评价指标体系构建调查问卷

新时代大中小学劳动教育评价指标体系构建调查问卷
（第一次专家咨询）

尊敬的专家、老师：

　　您好！

　　本问卷旨在构建新时代大中小学劳动教育评价体系，期待您宝贵的意见与建议。

【问卷填答说明】

　　本指标体系的构建遵循教育中教育者、受教育者、教育影响"三要素"的基本原理，从条件、过程和效果三方面展开。

　　三项一级指标：学生劳动素；教师劳动教育条件与能力；学校劳动教育条件保障与实践。

　　请您评判各指标点的合理程度，在相应等级处打"√"。如果有修改建议，请于下方修改建议栏填写。谢谢！

一级指标	二级指标	三级指标	观测点	合理	不太合理	不合理
学生劳动素养	劳动价值观	劳动的个人价值认知	T1 人生观状况	3	2	1
			修改建议：			
			T2 人的实践存在本质认知状况	3	2	1
			修改建议：			
			T3 知恩感恩意识状况	3	2	1
			修改建议：			
		劳动的社会价值认知	T4 价值观状况	3	2	1
			修改建议：			
			T5 人的社会属性本质认知状况	3	2	1
			修改建议：			
			T6 责任担当意识状况	3	2	1
			修改建议：			
		劳动的人类价值认知	T7 世界观状况	3	2	1
			修改建议：			
			T8 人类历史观	3	2	1
			修改建议：			
			T9 创新创业意识状况	3	2	1
			修改建议：			
	劳动情感品质	劳动艰辛忍耐度	T10 克服劳动艰辛的强度	3	2	1
			修改建议：			
			T11 克服劳动艰辛的时间长度	3	2	1
			修改建议：			
		劳动态度认真度	T12 对劳动的重视度	3	2	1
			修改建议：			
			T13 劳动专注度	3	2	1
			修改建议：			
			T14 排斥劳动情况	3	2	1
			修改建议：			

202

一级指标	二级指标	三级指标	观测点	合理	不太合理	不合理
学生劳动素养	劳动情感品质	劳动热爱度与劳动幸福感	T15 劳动获得感体验情况	3	2	1
			修改建议：			
			T16 劳动美的体验情况	3	2	1
			修改建议：			
		自主劳动意识	T17 劳动的主动性	3	2	1
			修改建议：			
			T18 劳动中个体主体性作用发挥状况	3	2	1
			修改建议：			
		诚实劳动品质等	T19 尊重各种劳动者情况	3	2	1
			修改建议：			
			T20 尊重别人劳动成果情况	3	2	1
			修改建议：			
			T21 诚实劳动情况	3	2	1
			修改建议：			
	劳动知识技能	日常劳动工具与劳动安全、劳动常识等知识知晓度	T22 劳动工具识别能力	3	2	1
			修改建议：			
			T23 劳动常识认知情况	3	2	1
			修改建议：			
			T24 劳动安全知识认知情况	3	2	1
			修改建议：			
		日常劳动操作熟练度	T25 家务劳动状况	3	2	1
			修改建议：			
			T26 其他劳动状况	3	2	1
			修改建议：			
		创新性劳动能力	T27 思维创新性的广度	3	2	1
			修改建议：			
			T28 思维创新性的深度	3	2	1

一级指标	二级指标	三级指标	观测点	合理	不太合理	不合理
学生劳动素养	劳动知识技能	较复杂劳动知识技能情况	修改建议：			
			T29 日常复杂劳动状况	3	2	1
			修改建议：			
	劳动实践习惯	日常个人劳动情况	T30 日常劳动的种类状况	3	2	1
			修改建议：			
			T31 日常劳动频次状况	3	2	1
			修改建议：			
		公益志愿活动情况	T32 公益志愿活动种类状况	3	2	1
			修改建议：			
			T33 公益志愿活动频次状况	3	2	1
			修改建议：			
		创新性劳动情况	T34 创新性劳动的强度	3	2	1
			修改建议：			
			T35 创新性劳动频次状况	3	2	1
			修改建议：			
教师劳动教育条件与能力	教师劳动素养	劳动价值观	T36 劳动个人价值认知状况	3	2	1
			修改建议：			
			T37 劳动社会价值认知状况	3	2	1
			修改建议：			
		劳动情感品质	T38 劳动人类价值认知状况	3	2	1
			修改建议：			
			T39 劳动艰辛忍耐度	3	2	1
			修改建议：			
			T40 劳动态度认真度	3	2	1
			修改建议：			
			T41 劳动热爱度与劳动幸福感状况	3	2	1
			修改建议：			

一级指标	二级指标	三级指标	观测点	合理	不太合理	不合理
教师劳动教育条件与能力	教师劳动素养	劳动情感品质	T42 诚实劳动品质等劳动道德状况	3	2	1
			修改建议：			
			T43 自主劳动意识状况	3	2	1
			修改建议：			
		劳动知识与技能	T44 日常劳动工具与劳动安全、劳动常识等知识知晓度	3	2	1
			修改建议：			
			T45 日常劳动操作熟练度	3	2	1
			修改建议：			
			T46 创新性劳动能力	3	2	1
			修改建议：			
			T47 较复杂劳动知识技能情况	3	2	1
			修改建议：			
		劳动实践习惯	T48 日常个人劳动情况	3	2	1
			修改建议：			
			T49 公益志愿活动情况	3	2	1
			修改建议：			
			T50 创新性劳动情况	3	2	1
			修改建议：			
	劳动教育意识	"五育"并举认可度	T51 对"劳育"地位的认可度	3	2	1
			修改建议：			
			T52 "劳育"与德智体美教育的关系认知状况	3	2	1
			修改建议：			
		学生劳动素养的价值认知	T53 学生劳动素养识别能力	3	2	1
			修改建议：			
			T54 劳动素养在核心素养中地位认知状况	3	2	1
			修改建议：			

续表

一级指标	二级指标	三级指标	观测点	合理	不太合理	不合理
教师劳动教育条件与能力	劳动教育意识	开展劳动教育的主动性	T55 劳动教育紧迫性认知状况	3	2	1
			修改建议：			
			T56 劳动教育情感驱动表现	3	2	1
			修改建议：			
	劳动教育与教学能力	劳动教育政策、知识的认知	T57 劳动教育认知的广度	3	2	1
			修改建议：			
			T58 劳动教育认知的深度	3	2	1
			修改建议：			
		劳动教育手段丰富度	T59 劳动教育手段知晓情况	3	2	1
			修改建议：			
			T60 劳动教育手段运用能力	3	2	1
			修改建议：			
		在其他教育中融入劳动教育的能力	T61 非劳动教育中融入劳动教育的频次	3	2	1
			修改建议：			
			T62 非劳动教育中融入劳动教育的效果	3	2	1
			修改建议：			
		劳动教育目标认知度	T63 劳动教育目标认知完整度	3	2	1
			修改建议：			
			T64 劳动教育目标认知清晰度	3	2	1
			修改建议：			
		劳动教育教学设计能力、组织能力与评价能力	T65 劳动教育教学设计能力	3	2	1
			修改建议：			
			T66 劳动教育教学组织能力	3	2	1
			修改建议：			
			T67 劳动教育教学评价能力	3	2	1
			修改建议：			

续表

一级指标	二级指标	三级指标	观测点	合理	不太合理	不合理
学校劳动教育条件保障与实践	认识层面	办学思想	T68 办学思想中对劳动教育的关照度	3	2	1
			修改建议：			
		领导认知	T69 学校领导层对劳动教育重要性认知度	3	2	1
			修改建议：			
			T70 学校领导层对劳动教育重要性重视度	3	2	1
			修改建议：			
		其他教育工作者整体认识	T71 其他教育工作者对劳动教育的认知度	3	2	1
			修改建议：			
			T72 其他教育工作者对劳动教育的重视度	3	2	1
			修改建议：			
	保障层面	物质保障	T73 劳动教育资金投入状况	3	2	1
			修改建议：			
			T74 劳动教育基础设施状况	3	2	1
			修改建议：			
			T75 劳动教育师资情况	3	2	1
			修改建议：			
			T76 劳动教育实践基地情况	3	2	1
			修改建议：			
		制度保障	T77 学校有关劳动教育的直接制度状况	3	2	1
			修改建议：			
			T78 学校涉及劳动教育的间接制度状况	3	2	1
			修改建议：			
			T79 劳动教育考核、评价与督导规定状况	3	2	1
			修改建议：			
			T80 制度联动性与一贯性状况	3	2	1
			修改建议：			
			T81 运行机制顺畅度与资源整合度	3	2	1

续表

一级指标	二级指标	三级指标	观测点	合理	不太合理	不合理
学校劳动教育条件保障与实践	保障层面	文化保障	修改建议：			
			T82 校园劳动文化状况	3	2	1
			修改建议：			
			T83 校园劳动教育文化状况	3	2	1
			修改建议：			
	实践层面	劳动教育课程	T84 劳动教育课开展状况	3	2	1
			修改建议：			
			T85 劳动教育教材建设状况	3	2	1
			修改建议：			
			T86 劳动教育课程受欢迎度	3	2	1
			修改建议：			
			T87 劳动教育课程的考核情况	3	2	1
			修改建议：			
			T88 劳动教育课程的备课、研究情况	3	2	1
			修改建议：			
			T89 其他课程中融入劳动教育情况	3	2	1
			修改建议：			
			T90 思政治课融入劳动教育情况	3	2	1
			修改建议：			
		劳动教育活动	T91 全年开展劳动主题的活动频次	3	2	1
			修改建议：			
			T92 全年开展课外劳动体验活动的频次	3	2	1
			修改建议：			
			T93 全年开展课外志愿服务活动频次	3	2	1
			修改建议：			
			T94 全年开展动手创新活动频次	3	2	1
			修改建议：			

一级指标	二级指标	三级指标	观测点	合理	不太合理	不合理
学校劳动教育条件保障与实践	实践层面	劳动教育活动	T95 主要针对劳动价值观、劳动情感品质与道德的教育活动频次	3	2	1
			修改建议：			
			T96 劳动教育活动的目标的清晰度与完整度	3	2	1
			修改建议：			
			T97 校园其他文化活动中融入劳动教育情况	3	2	1
			修改建议：			
		特色工作	T98 将劳动教育与学校、专业等特色结合情况	3	2	1
			修改建议：			
			T99 将劳动教育与新技术、新载体相结合情况	3	2	1
			修改建议：			
			T100 劳动教育科研、教研及运用情况	3	2	1
			修改建议：			
			T101 劳动教育成果推广宣传情况	3	2	1
			修改建议：			

您认为新时代大中小学劳动教育评价指标框架是否适合？是否有需要增加或删除的内容？如有不合适，请提出宝贵建议。

2. 第一次专家咨询意见统计表

第一次专家咨询意见统计表

一级指标	二级指标	三级指标	指标点	专家1	专家2	专家3	专家4	专家5	专家6	专家7	专家8	专家9	专家10	专家11	专家12	专家13	专家14	专家15	平均数	标准差	变异系数
学生劳动素养	劳动价值观	劳动的个人价值认知	T1 人生观状况	3	3	3	3	3	2	3	3	3	3	3	2	3	3	3	2.87	0.34	11.86%
			T2 人的实践存在本质认知状况	2	2	1	2	2	1	2	1	2	1	2	2	2	1	2	1.67	0.47	28.28%
			T3 知恩感恩意识状况	3	3	3	3	3	3	3	2	3	2	2	3	1	3	3	2.67	0.60	22.36%
		劳动的社会价值认知	T4 价值观状况	3	3	2	3	3	3	3	3	3	2	3	3	2	2	3	2.67	0.47	17.68%
			T5 人的社会属性本质认知状况	1	1	1	1	2	1	1	1	2	2	2	2	2	1	3	1.40	0.61	43.64%
			T6 责任担当意识状况	3	3	3	2	3	3	1	2	3	3	3	3	3	2	3	2.67	0.47	17.68%
		劳动的人类价值认知	T7 世界观状况	2	2	1	2	1	2	1	2	2	1	1	2	2	1	2	1.60	0.49	30.62%
			T8 人类历史观	1	2	1	2	2	2	2	2	2	1	2	1	2	1	1	1.33	0.47	35.36%
			T9 创新创业意识状况	3	1	2	2	2	2	1	2	2	2	2	2	1	2	1	1.73	0.57	33.09%
	劳动情感品质	劳动艰辛忍耐度	T10 克服劳动艰辛的强度	3	3	2	3	3	3	2	3	3	3	3	3	2	3	3	2.73	0.44	16.18%
			T11 克服劳动艰辛的时间长度	3	2	3	3	3	2	3	3	3	3	3	3	2	3	2	2.73	0.44	16.18%
		劳动态度认真度	T12 对劳动的重视度	3	2	2	3	3	2	3	3	3	2	3	3	2	3	2	2.40	0.49	20.41%
			T13 劳动专注度	3	2	3	3	3	2	3	3	2	3	3	3	3	3	3	2.73	0.44	16.18%
		劳动热爱度	T14 排斥劳动情况	3	3	2	3	3	3	3	3	3	3	3	3	1	3	3	2.73	0.44	16.18%
		劳动与劳动幸福感	T15 劳动获得体验感情况	3	3	2	3	3	3	1	2	3	3	2	2	2	2	3	2.53	0.62	24.40%
			T16 劳动美的体验情况	3	2	3	3	1	3	1	2	2	2	2	3	2	3	2	2.20	0.75	34.02%

续表

一级指标	二级指标	三级指标	指标点	专家1	专家2	专家3	专家4	专家5	专家6	专家7	专家8	专家9	专家10	专家11	专家12	专家13	专家14	专家15	平均数	标准差	变异系数
学生劳动素养	劳动情感品质	自主劳动意识	T17 劳动的主动性	3	3	3	2	3	3	2	3	3	3	2	3	2	3	3	2.73	0.44	16.18%
			T18 劳动中个体主体性作用发挥状况	3	3	2	3	3	3	3	2	3	2	3	3	2	3	1	2.53	0.62	24.40%
		诚实劳动品质等	T19 尊重各种劳动者情况	2	3	2	2	3	2	2	3	2	2	3	1	3	3	3	2.40	0.61	25.46%
			T20 尊重别人劳动成果情况	3	3	2	3	2	2	3	3	3	2	2	2	3	2	3	2.67	0.47	17.68%
			T21 诚实劳动情况	3	3	3	2	3	2	3	3	3	3	3	3	3	3	3	2.87	0.34	11.86%
	学生劳动知识技能	日常劳动工具与劳动安全、劳动常识知识等知晓度	T22 劳动工具识别能力	3	3	3	3	3	2	3	3	2	3	3	3	3	3	3	2.80	0.40	14.29%
			T23 劳动常识认知情况	3	3	3	2	3	3	3	3	3	2	2	3	2	3	3	2.80	0.40	14.29%
			T24 劳动安全知识认知情况	3	3	3	3	3	3	3	3	3	3	3	3	3	3	3	2.80	0.40	14.29%
		日常劳动操作熟练度	T25 家务劳动状况	3	3	2	3	3	3	3	3	2	3	3	2	3	3	3	2.80	0.40	14.29%
			T26 其他劳动状况	3	3	2	3	3	3	2	2	2	3	2	3	3	3	3	2.73	0.44	16.18%
		创新性劳动能力	T27 思维创新性的广度	2	3	1	2	3	3	2	3	2	3	2	3	2	2	3	2.33	0.60	25.56%
			T28 思维创新性的深度	3	3	2	3	3	2	3	3	3	3	3	2	2	2	3	2.33	0.47	20.20%
		较复杂劳动知识技能情况	T29 日常复杂劳动状况	3	3	2	3	3	3	3	2	2	3	3	2	3	2	3	2.67	0.47	17.68%
		日常个人	T30 日常劳动的种类状况	3	3	2	3	3	3	3	3	3	2	3	2	2	3	3	2.73	0.44	16.18%

续表

一级指标	二级指标	三级指标	指标点	专家1	专家2	专家3	专家4	专家5	专家6	专家7	专家8	专家9	专家10	专家11	专家12	专家13	专家14	专家15	平均数	标准差	变异系数
学生劳动素养	劳动实践习惯	劳动情况	T31 日常劳动频次状况	3	3	3	3	3	3	2	3	3	3	2	3	2	3	2	2.73	0.44	16.18%
		公益志愿活动情况	T32 公益志愿活动种类状况	3	2	3	2	3	3	2	3	2	2	2	2	2	2	2	2.40	0.49	20.41%
			T33 公益志愿活动频次状况	3	3	3	2	3	2	3	2	2	2	2	2	2	2	2	2.33	0.47	20.20%
		创新性劳动情况	T34 创新性劳动的强度	3	3	2	2	3	3	2	3	2	3	3	3	2	2	3	2.60	0.49	18.84%
			T35 创新性劳动频次状况	3	3	3	2	3	3	3	3	3	3	3	3	3	2	3	2.67	0.47	17.68%
	劳动价值观		T36 劳动个人价值认知状况	3	3	2	3	2	3	2	3	2	3	3	2	3	3	3	2.73	0.44	16.18%
			T37 劳动社会价值认知状况	3	2	2	3	2	3	3	3	3	3	3	3	3	3	3	2.73	0.44	16.18%
			T38 劳动人类价值认知状况	3	2	3	2	3	2	3	2	3	3	2	3	3	1	3	2.53	0.62	24.40%
			T39 劳动艰辛忍耐度	3	3	2	3	3	3	3	2	3	3	3	3	3	3	3	2.73	0.44	16.18%
			T40 劳动态度认真度	2	3	2	1	3	1	2	1	3	2	1	1	1	2	1	1.87	0.81	43.15%
教师劳动教育素养	教师劳动教育条件与能力	劳动情感品质	T41 劳动热爱度与劳动幸福感状况	3	2	3	3	3	2	2	3	3	2	3	3	2	3	2	2.67	0.47	17.68%
			T42 诚实守劳动品质等劳动道德状况	3	3	2	3	3	2	3	3	3	3	3	3	2	3	3	2.80	0.40	14.29%
			T43 自主劳动意识状况	3	3	2	3	3	2	3	3	3	2	3	3	3	3	3	2.80	0.40	14.29%
		劳动知识与技能	T44 日常劳动工具与劳动安全、劳动常识等知识知晓度	3	3	3	3	2	3	3	3	3	2	2	3	3	3	2	2.80	0.40	14.29%
			T45 日常劳动操作熟练度	3	3	3	3	3	3	3	3	3	3	2	2	3	3	3	2.87	0.34	11.86%
			T46 创新性劳动能力	3	2	3	3	3	2	3	3	2	3	2	3	2	2	2	2.60	0.49	18.84%

续表

一级指标	二级指标	三级指标	指标点	专家1	专家2	专家3	专家4	专家5	专家6	专家7	专家8	专家9	专家10	专家11	专家12	专家13	专家14	专家15	平均数	标准差	变异系数
教师劳动素养能力	教师劳动素养	劳动实践习惯	T47 较复杂劳动知识技能情况	3	2	3	2	3	2	3	3	2	3	3	2	3	2	3	2.60	0.49	18.84%
			T48 日常个人劳动情况	3	3	3	3	3	3	3	3	3	3	2	3	3	3	3	2.87	0.34	11.86%
			T49 公益志愿活动情况	3	2	3	2	3	3	2	3	3	3	3	3	3	3	3	2.80	0.40	14.29%
			T50 创新性劳动情况	3	3	3	3	3	3	3	2	3	3	3	3	3	3	3	2.87	0.34	11.86%
		"五育"并举认可度	T51 对"劳育"地位的认可度	3	3	3	3	3	3	3	3	3	3	2	3	3	3	3	2.93	0.25	8.50%
			T52 "劳育"与德智体美教育的关系认知状况	3	3	3	3	2	3	3	3	2	3	3	3	2	3	3	2.80	0.40	14.29%
		学生劳动素养的价值认知	T53 学生劳动素养识别能力	3	3	3	3	2	3	3	3	2	3	3	3	3	3	3	2.87	0.34	11.86%
			T54 劳动素养在核心素养中地位认知状况	3	3	3	3	3	3	2	3	3	3	3	2	3	3	3	2.87	0.34	11.86%
	劳动教育意识条件与能力	劳动教育的主动性	T55 开展劳动教育紧迫性认知状况	2	3	3	3	2	3	3	2	3	3	3	3	3	3	3	2.80	0.40	14.29%
			T56 劳动教育情感驱动表现	3	3	3	2	3	3	3	3	3	3	3	3	3	3	3	2.93	0.25	8.50%
		劳动政策知识的认知	T57 劳动教育认知的广度	3	3	3	2	3	2	3	3	3	3	3	3	3	3	3	2.87	0.34	11.86%
			T58 劳动教育认知的深度	3	3	2	3	3	3	3	3	3	3	2	3	3	3	3	2.87	0.34	11.86%
		劳动教育手段丰富度	T59 劳动教育手段知晓情况	3	3	3	2	3	2	3	3	2	3	3	2	3	3	3	2.80	0.40	14.29%
			T60 劳动教育手段运用能力	3	3	3	2	3	2	3	3	2	3	3	3	3	2	3	2.73	0.44	16.18%
		在其他教育中融入劳动教育能力	T61 非劳动教育中融入劳动教育的频次	3	3	3	3	3	2	3	2	2	3	3	2	3	3	3	2.73	0.44	16.18%

续表

一级指标	二级指标	三级指标	指标点	专家1	专家2	专家3	专家4	专家5	专家6	专家7	专家8	专家9	专家10	专家11	专家12	专家13	专家14	专家15	平均数	标准差	变异系数
教师劳动教育条件与能力	劳动教育与教学条件与能力	劳动教育能力	T62 非劳动教育中融入劳动教育的效果	3	3	3	2	3	2	3	3	3	2	3	2	2	2	3	2.67	0.47	17.68%
		劳动教育目标认知度	T63 劳动教育目标认知完整度	3	3	2	3	2	3	3	3	3	2	3	3	3	3	3	2.73	0.44	16.18%
			T64 劳动教育目标认知清晰度	3	3	2	3	2	3	3	3	3	3	3	3	3	3	2	2.73	0.44	16.18%
		劳动教育教学设计能力、组织能力与评价能力	T65 劳动教育教学设计能力	3	3	2	3	3	2	3	3	3	2	3	3	3	3	3	2.80	0.40	14.29%
			T66 劳动教育教学组织能力	3	3	3	2	3	3	3	3	3	3	3	3	2	3	3	2.80	0.40	14.29%
			T67 劳动教育教学评价能力	3	3	2	3	2	2	3	3	3	3	2	2	3	3	3	2.73	0.44	16.18%
学校劳动教育条件保障与实践	认识层面	领导认识	T68 办学思想中对劳动教育的关照度	3	3	3	2	2	2	3	3	3	2	3	2	3	3	3	2.73	0.44	16.18%
			T69 学校领导层对劳动教育重要性认知度	3	3	2	3	2	2	2	3	2	2	3	2	3	3	3	2.73	0.44	16.18%
			T70 学校领导层对劳动教育重要性重视度	3	3	3	3	2	3	2	3	3	2	3	3	2	3	3	2.73	0.44	16.18%
		其他教育工作者整体认识	T71 其他教育工作者对劳动教育的认知度	3	3	2	3	3	3	3	2	3	2	3	2	2	3	1	2.60	0.61	23.50%
			T72 其他教育工作者对劳动教育的重视度	1	3	2	3	2	3	2	3	3	2	3	2	3	2	2	2.40	0.61	25.46%
	保障层面	物质保障	T73 劳动教育资金投入状况	3	2	3	2	2	3	2	3	3	2	3	2	2	3	3	2.67	0.47	17.68%
			T74 劳动教育基础设施状况	3	3	2	2	3	3	3	2	3	3	2	3	2	3	3	2.73	0.44	16.18%
			T75 劳动教育师资情况	3	2	3	3	3	2	3	1	3	3	2	2	2	3	3	2.67	0.47	17.68%
			T76 劳动教育实践基地情况	3	3	2	3	3	2	3	1	3	2	2	2	2	3	3	2.53	0.62	24.40%

续表

一级指标	二级指标	三级指标	指标点	专家1	专家2	专家3	专家4	专家5	专家6	专家7	专家8	专家9	专家10	专家11	专家12	专家13	专家14	专家15	平均数	标准差	变异系数
学校劳动教育条件保障与实践	保障层面	制度保障	T77 学校有关劳动教育的直接制度状况	3	3	2	3	2	3	3	2	3	3	2	3	3	3	3	2.73	0.44	16.18%
			T78 学校涉及劳动教育的间接制度状况	2	3	3	2	3	2	3	2	3	3	2	3	2	3	1	2.47	0.62	25.06%
			T79 劳动教育考核、评价与督导规定状况	3	2	3	3	2	3	3	2	3	3	2	3	3	1	3	2.67	0.60	22.36%
			T80 制度联动性与一贯性状况	3	2	2	2	3	3	2	3	2	3	3	2	3	1	2	2.47	0.62	25.06%
			T81 运行机制顺畅度与资源整合度	3	3	3	3	3	3	3	3	3	3	1	3	3	3	3	2.87	0.50	17.40%
		文化保障	T82 校园劳动文化状况	3	2	3	2	3	3	3	3	3	3	2	3	3	2	3	2.67	0.47	17.68%
			T83 校园劳动教育文化状况	3	3	2	2	2	2	3	3	2	3	3	2	3	3	3	2.73	0.44	16.18%
	实践层面	劳动教育课程	T84 劳动教育课开展状况	3	3	3	3	3	2	3	3	3	3	3	3	3	3	3	2.87	0.34	11.86%
			T85 劳动教育教材建设状况	3	3	3	2	2	3	3	3	3	3	2	2	3	3	3	2.67	0.47	17.68%
			T86 劳动教育课程受欢迎度	3	3	3	2	3	3	3	3	2	3	2	3	3	3	3	2.80	0.40	14.29%
			T87 劳动教育课程的考核情况	3	3	3	2	2	3	3	3	3	3	3	3	3	3	3	2.80	0.40	14.29%
			T88 劳动教育课程的备课、研究情况	3	3	2	2	2	3	3	3	2	3	3	2	3	2	3	2.67	0.47	17.68%
			T89 其他课程中融入劳动教育情况	2	3	2	2	3	3	2	3	3	1	3	2	3	3	3	2.60	0.61	23.50%
			T90 思想政治教育融入劳动教育情况	3	2	3	3	2	3	3	2	3	3	3	2	3	3	3	2.73	0.44	16.18%

215

续表

一级指标	二级指标	三级指标	指标点	专家1	专家2	专家3	专家4	专家5	专家6	专家7	专家8	专家9	专家10	专家11	专家12	专家13	专家14	专家15	平均数	标准差	变异系数
学校劳动教育条件保障与实践	实践层面	劳动教育活动	T91 全年开展劳动主题的活动频次	3	3	3	3	3	3	3	3	3	3	3	3	3	3	3	3.00	0.00	0.00%
			T92 全年开展课外劳动体验活动的频次	2	3	2	2	3	3	1	3	3	3	1	3	1	3	2	2.33	0.79	33.81%
			T93 全年开展课外志愿服务活动频次	2	1	2	3	2	2	1	2	3	2	3	2	1	2	2	2.07	0.68	32.90%
			T94 全年开展劳动手创新活动频次	3	3	2	2	3	3	3	2	3	2	3	2	3	2	3	2.73	0.44	16.18%
			T95 主要针对劳动价值观、劳动情感品质与道德的教育活动频次	3	3	3	3	3	3	2	2	3	2	3	3	2	3	3	2.80	0.40	14.29%
			T96 劳动教育活动的目标的清晰度与完整度	3	3	2	3	3	3	3	3	2	3	3	3	2	3	3	2.73	0.44	16.18%
			T97 校园其他文化活动中融入劳动教育情况	3	1	3	2	3	2	3	2	3	3	2	2	3	2	3	2.60	0.61	23.50%
		特色工作	T98 将劳动教育与学校、专业等特色结合情况	2	3	2	3	3	3	2	3	3	2	3	2	2	1	3	2.53	0.62	24.40%
			T99 将劳动教育与新技术、新载体相结合情况	3	3	2	3	3	3	3	3	3	2	3	3	2	3	3	2.73	0.44	16.18%
			T100 劳动教育科研、教研及运用情况	3	3	3	3	2	3	3	3	2	3	3	3	3	3	3	2.87	0.34	11.86%
			T101 劳动教育成果推广宣传情况	3	3	2	3	2	3	3	3	3	3	2	3	2	2	3	2.73	0.44	16.18%

3. 新时代大中小学劳动教育评价指标体系构建调查问卷（第二次专家咨询）

新时代大中小学劳动教育评价指标体系构建调查问卷
（第二次专家咨询）

尊敬的专家、老师：

您好！

本问卷旨在构建新时代大中小学劳动教育评价体系，期待您宝贵的意见与建议。

【问卷填答说明】

本指标体系的构建遵循教育中教育者、受教育者、教育影响"三要素"的基本原理，从条件、过程和效果三个方面展开。

三项一级指标：学生劳动素；教师劳动教育条件与能力；学校劳动教育条件保障与实践。

请您评判各指标点的合理程度，在相应等级处打"√"。如果有修改建议，请于下方修改建议栏填写。谢谢！

一级指标	二级指标	三级指标	指标点	非常合理	比较合理	合理	不太合理	不合理
学生劳动素养	劳动价值观	劳动的个人价值认知	T1 人生观	5	4	3	2	1
			T2 人的实践存在本质认知	5	4	3	2	1
			T3 知恩感恩意识	5	4	3	2	1
		劳动的社会价值认知	T4 价值观	5	4	3	2	1
			T5 人的社会属性本质认知	5	4	3	2	1
			T6 责任担当意识	5	4	3	2	1
		劳动的人类价值认知	T7 世界观	5	4	3	2	1
			T8 人类社会发展根本动力认知	5	4	3	2	1
			T9 创新创业意识	5	4	3	2	1

续表

一级指标	二级指标	三级指标	指标点	非常合理	比较合理	合理	不太合理	不合理
学生劳动素养	劳动情感品质	劳动喜爱度	T10 劳动接受（正反两个向度）	5	4	3	2	1
			T11 劳动获得感	5	4	3	2	1
			T12 劳动美体验	5	4	3	2	1
		劳动崇敬度	T13 尊重劳动者	5	4	3	2	1
			T14 尊重劳动成果	5	4	3	2	1
		劳动专注度	T15 劳动的细致性品质	5	4	3	2	1
			T16 劳动主观能动性的发挥程度	5	4	3	2	1
			T17 成就劳动目标欲望的强度	5	4	3	2	1
		劳动忍耐度	T18 劳动艰辛忍耐的强度	5	4	3	2	1
			T19 劳动艰辛忍耐的时间长度	5	4	3	2	1
		劳动诚实度	T20 劳动的诚实品质	5	4	3	2	1
			T21 享用别人劳动成果时的诚信态度	5	4	3	2	1
	劳动知识技能	日常劳动知识知晓度	T22 日常劳动工具识别能力	5	4	3	2	1
			T23 劳动常识	5	4	3	2	1
		日常劳动操作熟练度	T24 家务劳动操作熟练度	5	4	3	2	1
			T25 其他日常劳动操作熟练度	5	4	3	2	1
		非日常劳动知识与技能掌握情况	T26 个人长期专注的劳动知识与技能掌握情况	5	4	3	2	1
			T27 专业劳动知识与技能掌握情况（大学生）	5	4	3	2	1
		创新性劳动能力	T28 广度	5	4	3	2	1
			T29 深度	5	4	3	2	1
	劳动实践习惯	日常个人劳动情况	T30 种类	5	4	3	2	1
			T31 频次	5	4	3	2	1
		公益志愿活动情况	T32 种类	5	4	3	2	1
			T33 频次	5	4	3	2	1
		创新性劳动情况	T34 强度	5	4	3	2	1
			T35 频次	5	4	3	2	1

续表

一级指标	二级指标	三级指标	指标点	非常合理	比较合理	合理	不太合理	不合理
教师劳动教育条件与能力	教师劳动素养	劳动价值观	T36 劳动个人价值认知	5	4	3	2	1
			T37 劳动社会价值认知	5	4	3	2	1
			T38 劳动人类价值认知	5	4	3	2	1
		劳动情感品质	T39 喜爱度	5	4	3	2	1
			T40 崇敬度	5	4	3	2	1
			T41 专注度（创新劳动）	5	4	3	2	1
			T42 忍耐度（艰辛劳动）	5	4	3	2	1
			T43 诚实度（诚实劳动）	5	4	3	2	1
		劳动知识与技能	T44 日常劳动知识知晓度	5	4	3	2	1
			T45 日常劳动操作熟练度	5	4	3	2	1
			T46 教育教学基本知识与技能（教研、科研除外）	5	4	3	2	1
			T47 教研科研能力	5	4	3	2	1
		劳动实践习惯	T48 日常劳动实践	5	4	3	2	1
			T4 服务劳动实践	5	4	3	2	1
			T50 生产（教学科研等）劳动实践	5	4	3	2	1
	劳动教育意识	劳育地位认知	T51 "五育"并举政策了解	5	4	3	2	1
			T52 "劳育"与德智体美教育的关系认知	5	4	3	2	1
		学生劳动素养的价值认知	T53 学生劳动素养识别意识	5	4	3	2	1
			T54 学生劳动素养重要性认知	5	4	3	2	1
		开展劳动教育的主动性	T55 现实紧迫性感知	5	4	3	2	1
			T56 情感驱动表现	5	4	3	2	1
	劳动教育与教学能力	劳动教育专业知识认知	T57 认知的广度	5	4	3	2	1
			T58 认知的深度	5	4	3	2	1
		劳动教育技能掌握	T59 劳动教育技能储备	5	4	3	2	1
			T60 劳动教育技能运用能力	5	4	3	2	1
		劳动教育目标认知	T61 目标认知完整度	5	4	3	2	1
			T62 目标认知清晰度	5	4	3	2	1

一级指标	二级指标	三级指标	指标点	非常合理	比较合理	合理	不太合理	不合理
		劳动教育的教学能力	T63 教学设计能力	5	4	3	2	1
			T64 教学组织能力	5	4	3	2	1
			T65 教学评价能力	5	4	3	2	1
学校劳动教育条件保障与实践	认识层面	办学思想	T66 办学思想（学校重要制度文件）对劳动教育的关照度	5	4	3	2	1
		管理人员认识	T67 领导层对劳动教育重要性的认知与重视度	5	4	3	2	1
			T68 其他管理者对劳动教育重要性的认知与重视度	5	4	3	2	1
	保障层面	物质保障	T69 劳动教育资金投入	5	4	3	2	1
			T70 劳动教育基础设施	5	4	3	2	1
			T71 劳动教育师资配备	5	4	3	2	1
			T72 劳动教育实践基地	5	4	3	2	1
		制度保障	T73 有关劳动教育制度的数量	5	4	3	2	1
			T74 劳动教育考核、评价与督导相关制度建设情况	5	4	3	2	1
			T75 制度联动性与一惯性	5	4	3	2	1
			T76 劳动教育运行机制顺畅度与资源整合度	5	4	3	2	1
		文化保障	T77 校园劳动文化	5	4	3	2	1
			T78 校园劳动教育文化	5	4	3	2	1
	实践层面	劳动课程	T79 劳动教育课（包括实践课）开设与考核情况	5	4	3	2	1
			T80 劳动教育教材使用与建设	5	4	3	2	1
			T81 学生对劳动课程的欢迎度	5	4	3	2	1
			T82 其他课程（思政课除外）融入劳动教育情况	5	4	3	2	1
			T83 思政课融入劳动教育情况	5	4	3	2	1
		活动（非课程）	T84 开展劳动教育主题活动的频次	5	4	3	2	1
			T85 开展劳动教育主题活动的类别	5	4	3	2	1
			T86 劳动教育主题活动目标的清晰度与完整度	5	4	3	2	1

一级指标	二级指标	三级指标	指标点	非常合理	比较合理	合理	不太合理	不合理
学校劳动教育条件保障与实践	实践层面	特色工作	T87 校园其他文化活动融入劳动教育情况	5	4	3	2	1
			T88 将劳动教育与学校、专业等特色结合情况	5	4	3	2	1
			T89 将劳动教育与新技术、新载体相结合情况	5	4	3	2	1
			T90 劳动教育科研、教研及运用情况	5	4	3	2	1
			T91 劳动教育成果推广宣传情况	5	4	3	2	1

您认为新时代大中小学劳动教育评价指标框架是否适合？是否有需要增加或删除的内容？如有不合适，请提出宝贵建议。

4. 第二次专家咨询意见统计表

第二次专家咨询意见统计表

一级指标	二级指标	三级指标	指标点	专家1	专家2	专家3	专家4	专家5	专家6	专家7	专家8	专家9	专家10	专家11	专家12	专家13	专家14	专家15	平均数	标准差	变异系数
学生劳动素养	劳动价值观	劳动的个人价值认知	T1 人生观	5	5	5	5	5	4	5	5	5	5	5	4	5	5	5	4.87	0.34	0.07
			T2 人的实践存在本质认知	4	5	5	4	5	4	5	4	5	5	4	5	4	5	2	4.40	0.80	18.18
			T3 知恩感恩意识	5	5	5	4	5	5	4	5	5	5	5	5	2	5	5	4.60	0.80	17.39
		劳动的社会价值认知	T4 价值观	5	5	5	5	5	5	4	5	5	4	5	5	4	4	5	4.67	0.47	10.06
			T5 人的社会属性本质认知	5	4	5	4	5	5	5	4	5	5	5	4	5	4	5	4.67	0.47	10.06
			T6 责任担当意识	5	5	4	5	5	4	5	5	5	4	5	5	4	5	5	4.73	0.44	9.30
		劳动的人类价值认知	T7 世界观	5	4	5	5	4	5	5	5	5	4	5	5	4	5	5	4.73	0.44	9.30
			T8 人类社会发展根本动力认知	5	4	4	4	5	4	5	4	4	5	5	5	4	5	4	4.40	0.49	11.14
			T9 创新创业意识	5	5	5	5	5	5	5	5	4	5	5	4	5	5	5	4.73	0.44	9.30
	劳动情感品质	劳动喜爱度	T10 劳动接受（正反两个向度）	5	5	4	5	5	4	5	5	4	5	5	4	5	5	5	4.73	0.44	9.30
			T11 劳动获得感	5	4	4	4	4	5	4	5	5	5	4	5	2	4	5	4.47	0.81	18.12
			T12 劳动美体验	5	5	5	5	5	4	5	4	5	4	5	5	4	5	5	4.73	0.44	9.30
		劳动崇敬度	T13 尊重劳动者	5	5	4	4	4	5	4	5	5	5	5	5	4	5	2	4.47	0.81	18.12
			T14 尊重劳动成果	4	5	5	5	5	5	5	5	5	5	5	2	5	4	5	4.33	0.79	18.24
		劳动专注度	T15 劳动的细致性品质	5	5	4	4	5	5	5	5	5	5	5	4	5	4	5	4.67	0.47	10.60
			T16 劳动主观能动性的发挥程度	5	5	5	4	5	5	5	5	5	4	5	5	5	5	5	4.87	0.34	7.00

续表

一级指标	二级指标	三级指标	指标点	专家1	专家2	专家3	专家4	专家5	专家6	专家7	专家8	专家9	专家10	专家11	专家12	专家13	专家14	专家15	平均数	标准差	变异系数
			T17 成就劳动目标欲望的强度	5	5	5	5	5	4	5	5	4	5	5	4	5	5	5	4.80	0.40	8.33
		劳动忍耐度	T18 劳动艰辛忍耐的强度	5	5	5	4	5	5	4	5	5	5	4	5	5	5	5	4.80	0.40	8.33
			T19 劳动艰辛忍耐的时间长度	5	5	4	5	4	5	5	5	5	4	5	5	5	5	5	4.80	0.40	8.33
		劳动诚实品质	T20 劳动的诚实品质	5	5	4	5	4	5	5	5	4	5	4	5	5	5	5	4.73	0.44	9.30
	劳动情感品质		T21 掌握用人劳动成果时的诚信态度	4	5	2	4	5	5	4	5	4	4	5	5	4	4	5	4.27	0.77	18.03
		日常劳动知识知晓度	T22 日常劳动工具识别能力	5	4	4	5	4	4	4	5	4	4	5	4	4	4	5	4.33	0.47	10.85
			T23 劳动常识	5	5	4	5	5	5	5	5	5	5	4	4	5	5	5	4.67	0.47	10.06
		日常劳动操作熟练度	T24 家务劳动操作熟练度	5	5	4	5	5	5	5	5	5	5	5	5	4	5	4	4.73	0.44	9.30
学生劳动素养			T25 其他日常劳动操作熟练度	5	5	5	5	5	5	4	4	4	4	5	5	4	4	4	4.73	0.44	9.30
	劳动知识与技能	非日常劳动知识与技能掌握情况	T26 个人长期专注的劳动知识与技能掌握情况	5	4	5	4	5	5	4	4	4	4	5	5	4	4	4	4.40	0.49	11.14
			T27 专业劳动知识与技能掌握情况（大学生）	5	4	4	4	5	5	5	4	4	4	4	4	5	4	4	4.33	0.47	10.85
		创新性劳动能力	T28 广度	5	5	5	4	4	5	4	5	5	5	5	4	5	4	5	4.60	0.49	10.65
			T29 深度	5	4	5	4	5	4	4	5	5	5	4	5	5	4	5	4.67	0.47	10.06
		日常个人劳动情况	T30 种类	5	5	4	5	4	5	4	5	4	5	5	4	5	5	4	4.73	0.44	9.30
			T31 频次	5	5	4	5	4	5	4	4	5	5	5	4	5	5	5	4.67	0.47	10.06

续表

一级指标	二级指标	三级指标	指标点	专家1	专家2	专家3	专家4	专家5	专家6	专家7	专家8	专家9	专家10	专家11	专家12	专家13	专家14	专家15	平均数	标准差	变异系数
学生劳动素养	劳动实践习惯	公益志愿活动情况	T32 种类	5	4	5	4	5	4	5	4	5	5	4	5	5	2	5	4.47	0.81	18.12
			T33 频次	5	5	4	5	5	4	5	5	5	4	5	4	5	5	5	4.73	0.44	9.30
		创新性劳动情况	T34 强度	5	4	5	5	5	4	4	5	4	4	5	5	4	5	4	4.67	0.47	10.06
			T35 频次	5	5	4	5	5	5	5	5	5	5	5	5	4	5	5	4.80	0.40	8.33
		劳动价值观	T36 劳动个人价值认知	5	5	4	5	5	5	5	5	4	5	5	5	5	5	5	4.80	0.40	8.33
			T37 劳动社会价值认知	5	5	5	5	4	4	5	5	5	5	5	4	5	5	4	4.80	0.40	8.33
			T38 劳动人类价值认知	5	5	5	5	5	4	5	5	5	5	4	5	5	5	5	4.87	0.34	7.00
		劳动情感品质	T39 喜爱度	5	4	5	4	5	4	5	5	4	5	5	4	5	5	5	4.60	0.49	10.65
			T40 崇敬度	5	4	5	4	5	5	5	5	4	5	5	4	5	4	5	4.60	0.49	10.65
			T41 专注度（创新劳动）	5	5	5	5	5	4	5	5	5	5	5	5	4	5	5	4.87	0.34	7.00
			T42 忍耐度（艰辛劳动）	5	5	4	5	4	5	5	5	5	5	5	5	5	5	5	4.93	0.25	5.07
			T43 诚实度（诚实劳动）	5	5	5	5	5	5	4	5	4	5	5	5	5	5	5	4.87	0.34	7.00
	劳动知识技能		T44 日常劳动知识知晓度	5	5	5	5	5	4	4	5	5	5	5	4	5	5	5	4.87	0.34	7.00
			T45 日常劳动操作熟练度	5	5	5	4	5	4	5	5	4	5	5	4	5	5	5	4.80	0.40	8.33
教师劳动教育条件与能力	教师劳动素养		T46 教育教学基本知识与技能（教研、科研除外）	5	5	5	4	4	4	5	5	5	5	5	5	5	4	5	4.73	0.44	9.30
			T47 教研科研能力	5	5	5	4	5	4	5	5	4	4	5	4	5	4	5	4.73	0.44	9.30
			T48 日常劳动实践	5	5	5	4	5	4	5	5	5	4	5	4	5	4	5	4.67	0.47	10.06

续表

一级指标	二级指标	三级指标	指标点	专家1	专家2	专家3	专家4	专家5	专家6	专家7	专家8	专家9	专家10	专家11	专家12	专家13	专家14	专家15	平均数	标准差	变异系数
教师劳动教育条件与能力	劳动教育意识与教学能力	劳动实践习惯	T49 服务劳动实践	5	5	4	5	4	5	5	4	5	4	5	5	5	5	5	4.73	0.44	9.30
			T50 生产（教学科研等）劳动实践	5	5	4	5	4	5	5	4	5	5	5	5	5	5	4	4.73	0.44	9.30
		劳育地位认知	T51 "五育"并举政策了解	5	5	4	5	5	4	5	5	5	4	5	5	5	5	5	4.80	0.40	8.33
			T52 "劳育"与德智体美教育的关系认知	5	5	5	4	5	4	5	5	5	5	4	5	5	5	5	4.80	0.40	8.33
		学生劳动素养的价值认知	T53 学生劳动素养识别意识	5	5	5	5	5	4	5	5	5	5	5	5	4	5	5	4.73	0.44	9.30
			T54 学生劳动素养重要性认知	5	5	5	4	5	4	5	5	5	4	5	4	5	5	5	4.73	0.44	9.30
		开展劳动教育的主动性	T55 现实紧迫感知	5	5	4	5	5	5	5	5	5	5	5	4	5	5	5	4.73	0.44	9.30
			T56 情感驱动表现	5	5	5	5	4	5	5	4	5	4	5	5	4	5	5	4.73	0.44	9.30
		劳动专业认知认知	T57 认知的广度	2	5	4	5	4	5	5	5	5	4	5	4	4	5	2	4.53	0.81	17.89
			T58 认知的深度	5	5	4	4	4	5	5	4	4	4	5	4	5	4	4	4.33	0.79	18.24
		劳动教育技能掌握	T59 劳动教育技能储备	5	4	5	4	5	5	5	5	4	4	4	4	5	5	5	4.67	0.47	10.06
			T60 劳动教育技能运用能力	5	5	5	5	4	5	5	4	5	5	5	5	5	5	5	4.73	0.44	9.30
		劳动教育目标认知	T61 劳动教育目标认知完整度	5	5	4	5	4	5	5	5	5	4	5	5	4	5	5	4.67	0.47	10.06
			T62 劳动教育目标认知清晰度	5	5	4	5	4	5	4	5	4	5	5	5	4	5	5	4.47	0.81	18.12
			T63 教学设计能力	5	5	4	5	4	4	5	4	5	4	4	5	5	5	5	4.73	0.44	9.30

225

续表

一级指标	二级指标	三级指标	指标点	专家1	专家2	专家3	专家4	专家5	专家6	专家7	专家8	专家9	专家10	专家11	专家12	专家13	专家14	专家15	平均数	标准差	变异系数
学校劳动教育条件保障与实践	认识层面	劳动教育教学能力	T64 教学组织能力	5	5	4	5	4	5	5	4	5	5	4	4	5	5	5	4.73	0.44	9.30
			T65 教学评价能力	4	5	5	4	5	4	5	5	4	5	5	5	4	5	2	4.40	0.80	18.18
		办学思想	T66 办学思想（学校重要制度文件）对劳动教育的关照度	5	4	5	4	5	5	5	5	5	5	4	5	5	2	5	4.60	0.80	17.39
		管理人员认识	T67 领导层对劳动教育重要性的认知与重视度	5	4	5	4	5	5	4	4	5	5	2	4	5	2	4	4.40	0.80	18.18
			T68 其他管理者对劳动教育重要性的认知与重视度	5	5	5	5	5	5	5	5	4	5	4	5	5	5	5	4.80	0.75	15.63
	保障层面	物质保障	T69 劳动教育资金投入	5	4	5	4	5	5	5	4	5	5	4	5	5	5	5	4.67	0.47	10.06
			T70 劳动教育基础设施	5	5	4	5	4	5	5	4	5	5	5	4	5	5	5	4.73	0.44	9.30
			T71 劳动教育师资配备	5	5	5	5	5	4	5	5	5	5	5	5	5	5	5	4.87	0.34	7.00
			T72 劳动教育实践基地	5	5	5	4	5	4	5	5	4	5	5	4	5	4	5	4.67	0.47	10.06
		制度保障	T73 有关劳动教育制度的数量	5	5	5	5	5	4	4	5	5	5	4	5	5	4	5	4.73	0.44	9.30
			T74 劳动教育考核、评价与督导相关制度建设情况	5	5	5	4	5	5	5	5	5	5	5	5	5	4	5	4.80	0.40	8.33
			T75 制度联动性与一惯性	5	4	5	4	4	4	5	4	4	2	5	4	5	4	5	4.67	0.47	10.06
			T76 劳动教育运行机制顺畅度与资源整合度	4	4	5	5	5	5	5	5	5	5	5	4	5	5	5	4.53	0.81	17.88
		文化保障	T77 校园劳动文化	5	5	5	5	4	5	5	4	5	5	5	4	5	5	5	4.73	0.44	9.30
			T78 校园劳动教育文化	5	5	5	4	4	5	5	4	5	5	5	4	5	4	5	4.73	0.44	9.30

5. 新时代大中小学劳动教育评价指标权重体系构建调查问卷

新时代大中小学劳动教育评价指标权重体系构建调查问卷

问卷说明：本次问卷旨在构建新时代大中小学劳动教育评价指标权重体系，请您根据指标重要性的程度一次填写，感谢您的支持！

一、一级指标的重要性程度

请根据指标重要性程度排序填写（填序号即可）

1. 学生劳动素养　2. 教师劳动教育条件与能力　3. 学校劳动教育条件保障与实践

_____＞_____＞_____

二、学生劳动素养一级指标下各二级指标的重要性程度

请根据指标重要性程度排序填写（填序号即可）

1. 劳动价值观　2. 劳动情感与品质　3. 劳动知识与技能　4. 劳动实践习惯

_____＞_____＞_____＞_____

三、学生劳动价值观二级指标下各三级指标的重要性程度

请根据指标重要性程度排序填写（填序号即可）

1. 劳动的个人价值认知 2. 劳动的社会价值认知 3. 劳动的人类价值认知

_____＞_____＞_____

四、学生劳动情感与品质二级指标下各三级指标的重要性程度

请根据指标重要性程度排序填写（填序号即可）

1. 劳动喜爱度 2. 劳动崇敬度 3. 劳动专注度 4. 劳动忍耐度 5. 劳动诚实度

_____＞_____＞_____＞_____＞_____

五、学生劳动知识与技能二级指标下各三级指标的重要性程度

请根据指标重要性程度排序填写（填序号即可）

1. 日常劳动知识知晓度　2. 日常劳动操作熟练度　3. 非日常劳动知识与技能掌握情况　4. 创新性劳动能力

_____>_____>_____>_____

六、学生劳动实践二级指标下各三级指标的重要性程度

请根据指标重要性程度排序填写（填序号即可）

1. 日常劳动实践参与情况 2. 服务性劳动实践（公益志愿活动）参与情况 3. 生产性劳动实践（创新性活动）参与情况

_____>_____>_____

七、教师劳动教育条件与能力一级指标下各二级指标的重要性程度

请根据指标重要性程度排序填写（填序号即可）

1. 教师劳动素养 2. 劳动教育意识 3. 劳动教育与教学能力

_____>_____>_____

八、教师劳动素养二级指标下各三级指标的重要性程度

请根据指标重要性程度排序填写（填序号即可）

1. 劳动价值观 2. 劳动情感与品质 3. 劳动知识与技能 4. 劳动实践习惯

_____>_____>_____>_____

九、教师劳动教育意识二级指标下各三级指标的重要性程度

请根据指标重要性程度排序填写（填序号即可）

1. "劳育"地位认知情况 2. 学生劳动素养的价值认知 3. 开展劳动教育的主动性

_____>_____>_____

十、教师劳动教育与教学能力二级指标下各三级指标的重要性程度

请根据指标重要性程度排序填写（填序号即可）

1. 劳动教育专业知识认知情况 2. 劳动教育技能掌握情况 3. 劳动教育目标认知情况 4. 劳动教育的教学能力

_____>_____>_____>_____

十一、学校劳动教育条件保障与实践一级指标下各二级指标的重要性程度

请根据指标重要性程度排序填写（填序号即可）

1. 认识层面 2. 保障层面 3. 实践层面

_____>_____>_____

十二、认识层面二级指标下各三级指标的重要性程度

请根据指标重要性程度排序填写（填序号即可）

1. 办学思想 2. 管理人员的认识

_____>_____

十三、保障层面二级指标下各三级指标的重要性程度

请根据指标重要性程度排序填写（填序号即可）

1. 物质保障 2. 制度保障 3. 文化保障

_____>_____>_____

十四、实践层面二级指标下各三级指标的重要性程度

请根据指标重要性程度排序填写（填序号即可）

1. 劳动课程 2. 活动（非课程） 3. 特色工作

_____>_____>_____

6. 新时代大中小学劳动教育评价指标体系重要性问卷

【问卷填答说明】

本指标体系的构建遵循教育中教育者、受教育者、教育影响"三要素"的基本原理，从条件、过程和效果三方面展开。

三项一级指标：学生劳动素；教师劳动教育条件与能力；学校劳动教育条件保障与实践。请您评判各指标点的合理和重要程度，在相应等级处打"√"。谢谢！

新时代大中小学劳动教育评价指标体系重要性问卷

一级指标	二级指标	三级指标	非常重要	重要	不清楚	不重要	非常不重要
学生劳动素养	劳动价值观	劳动的个人价值认知	5	4	3	2	1
		劳动的社会价值认知	5	4	3	2	1
		劳动的人类价值认知	5	4	3	2	1
	劳动情感与品质	劳动喜爱度	5	4	3	2	1
		劳动崇敬度	5	4	3	2	1
		劳动专注度	5	4	3	2	1
		劳动忍耐度	5	4	3	2	1
		劳动诚实度	5	4	3	2	1
	劳动知识与技能	日常劳动知识知晓度	5	4	3	2	1
		日常劳动操作熟练度	5	4	3	2	1
		非日常劳动知识与技能掌握情况	5	4	3	2	1
		创新性劳动能力	5	4	3	2	1
	劳动实践习惯	日常劳动实践参与情况	5	4	3	2	1
		服务性劳动实践（公益志愿活动）参与情况	5	4	3	2	1
		生产性劳动实践（创新性活动）参与情况	5	4	3	2	1
教师劳动教育条件与能力	教师劳动素养	劳动价值观	5	4	3	2	1
		劳动情感与品质	5	4	3	2	1
		劳动知识与技能	5	4	3	2	1
		劳动实践习惯	5	4	3	2	1
	劳动教育意识	"劳育"地位认知情况	5	4	3	2	1
		学生劳动素养的价值认知	5	4	3	2	1
		开展劳动教育的主动性	5	4	3	2	1
	劳动教育与教学能力	劳动教育专业知识认知情况	5	4	3	2	1
		劳动教育技能掌握情况	5	4	3	2	1
		劳动教育目标认知情况	5	4	3	2	1
		劳动教育的教学能力	5	4	3	2	1

续表

一级指标	二级指标	三级指标	非常重要	重要	不清楚	不重要	非常不重要
学校劳动教育条件保障与实践	认识层面	办学思想	5	4	3	2	1
		管理人员的认识	5	4	3	2	1
	保障层面	物质保障	5	4	3	2	1
		制度保障	5	4	3	2	1
		文化保障	5	4	3	2	1
	实践层面	劳动课程	5	4	3	2	1
		活动（非课程）	5	4	3	2	1
		特色工作	5	4	3	2	1

7. 大中小学劳动教育学校管理者（校长等）访谈提纲

（1）作为学校管理人员，您认为什么是劳动教育，劳动教育的根本目的是什么？

（2）贵校劳动教育课程学时是怎么安排的？

（3）贵校劳动教育课程的建设和管理和其他课程相比较如何？

（4）贵校劳动教育的师资建设情况如何？

（5）贵校劳动教育的保障（如资金、实践基地等）如何？

（6）贵校劳动教育的制度建设与执行情况如何？

（7）贵校劳动教育的评价是怎么开展的？

（8）您对学生劳动素养有什么样的看法？

后 记

劳动不仅创造财富，满足人类生存和生活需要，还成就了人的存在价值，是"人的全面发展"的重要内容。随着时代的发展，由于劳动教育的形式、劳动教育的内涵和劳动教育的价值取向等均发生了变化，大中小学在劳动教育工作中表现出目标不明晰、内容不具体、方式不灵活、机制不顺畅等诸多问题。当代大中小学生是中国特色社会主义的建设者和接班人，同时也是实现中华民族伟大复兴的关键力量。他们能否承担起国家富强、民族复兴重任的关键在于他们是否能成为脚踏实地的劳动者。

本研究主动回应新时代、新语境，在探讨劳动教育的人性解放与自由全面发展的价值超越基础上，通过对劳动素养与劳动教育要素的解构，从理论上确定新时代大中小学劳动教育的评价体系框架，构建评价指标体系，一方面丰富大中小学劳动教育评价的研究内容，另一方面为劳动教育发展提供新的视角。

这本书的诞生，离不开众人的支持与帮助。感谢安徽省高校思想政治工作创新发展中心等平台的支持，感谢那些在我陷入困境时给予鼓励的朋友们，你们的信任和期待是我前进的动力。感谢我的家人，在我埋首书案时给予我关怀与理解，让我没有后顾之忧。

同时，也要感谢编辑团队的辛勤付出。他们以专业的眼光和严谨的态度，对书稿进行了精心的雕琢和完善，使得这本书能够以更好的面貌与读者见面。

余江舟

2024 年 10 月 12 日